7ᵉ Année. — N° 338

LE TOUR DU MONDE

NOUVEAU JOURNAL DES VOYAGES

PUBLIÉ SOUS LA DIRECTION

DE M. ÉDOUARD CHARTON

Auteur des *Voyageurs anciens et modernes*

ET ILLUSTRÉ PAR NOS PLUS CÉLÈBRES ARTISTES

IMPRIMÉ PAR CH. LAHURE

PRIX DU NUMÉRO : 50 CENTIMES

PRIX DE L'ABONNEMENT POUR PARIS ET POUR LES DÉPARTEMENTS : UN AN, 26 FR. — SIX MOIS, 14 FR.

Les abonnements se prennent à partir du 1ᵉʳ de chaque mois

Les six premières années du *Tour du Monde* (1860 à 1865),
formant 12 beaux volumes, sont en vente.

Prix de chaque volume broché, 12 fr. 50 c. — Prix de chaque année, brochée en un ou deux volumes, 25 fr.

Il paraît un numéro par semaine.

LIBRAIRIE DE L. HACHETTE ET Cⁱᵉ

PARIS, BOULEVARD SAINT-GERMAIN, N° 77
LONDRES, KING WILLIAM STREET, STRAND
LEIPZIG, 15, POST-STRASSE

1866

LE TOUR DU MONDE.

SOMMAIRE DE LA TROIS CENT TRENTE-HUITIÈME LIVRAISON.

TEXTE.

La Sicile et l'éruption de l'Etna en 1865, récit de voyage par M. Elisée Reclus, texte et dessins inédits.

GRAVURES.

Cratère Monte Frumento, dessin de Camille Saglio d'après une photographie de M. Paul Berthier.

Plan du sommet de l'Etna, d'après la carte de Sartorius de Waltershausen.

Grotte des Colombes, dessin de Camille Saglio d'après Sartorius de Waltershausen.

Rose des cratères du Frumento, dessin de Camille Saglio d'après une photographie de M. Paul Berthier.

Cratère du Frumento, dessin de Camille Saglio d'après une photographie de M. Paul Berthier.

Crevace du Frumento, dessin de H. Clerget d'après une photographie de M. Paul Berthier.

Vue d'une coulée de lave, dessin de Camille Saglio d'après une photographie de M. Paul Berthier.

Arbres engloutis momentanément dans la lave, dessin de Camille Saglio d'après une photographie de M. Paul Berthier.

Châtaignier des Cent-Chevaux, dessin de H. Clerget d'après une photographie de M. Paul Berthier.

Châtaignier de la Nave, dessin de H. Clerget d'après une photographie de M. Paul Berthier.

Pont d'Aragona, dessin de H. Clerget d'après un croquis de M. E. Reclin.

FAITS DIVERS.

Angleterre. — Un des plus grands voyageurs de ce siècle, qui en a tant produit, Mac Dowall Stuart, dont le nom restera indissolublement lié à l'histoire de l'Australie, vient de mourir à Nottingham-Hill.

Il est le premier qui soit parvenu à pénétrer au centre même du continent australien; il y a élevé une pyramide de ses propres mains et planté le drapeau national. Mais cela ne lui suffit pas; il voulut trouver enfin le secret de cette terre inconnue, qui avait défié toutes les tentatives et tous les efforts des plus intrépides pionniers. Stuart avait débuté dans la carrière sous un digne maître, un explorateur renommé, le capitaine Sturt, à qui l'on doit la découverte des fleuves Darling et Murray; il avait fait partie de l'expédition qui aboutit après des fatigues extraordinaires à Cooper-Creek.

Entre les années 1858 et 1861, M. Dowall Stuart, prenant pour point de départ la ville d'Adélaïde, chef-lieu de l'Australie méridionale, ne cessa de chercher à pénétrer plus avant au milieu des déserts de l'Australie, mais il fut arrêté par la résistance des indigènes qu'il rencontra, et par l'épuisement des provisions.

Deux fois dans le courant de la dernière année il recommença sans plus de succès ces tentatives. Mais sans se laisser décourager par les obstacles et par le sort funèbre de tant de précurseurs qui ne sont jamais revenus, il partit pour la quatrième fois, le 21 octobre 1861, avec quelques compagnons dévoués; il traversa de nouveau les plaines sablonneuses, les chaînes de rochers, les collines couvertes de fourrés inextricables; il arriva à des terrains portant des pins magnifiques et avança résolûment.

Les buissons et les vignes sauvages avaient succédé aux grands arbres; il descendit alors de cheval, mit l'oreille en terre, et entendit distinctement le roulement des grandes lames; il aperçut enfin la nappe bleue de la mer des Indes, et poussa un cri de joie en annonçant à ses compagnons : *the sea! the sea!* (la mer! la mer!) C'était le 25 juillet 1862.

Tel est le courageux citoyen qui vient de mourir, le 5 de ce mois, dans une modeste maison de Nottingham Hill; ses compatriotes d'Australie avaient libéralement récompensé ses travaux; la société royale de géographie lui avait décerné la grande médaille d'or, mais le gouvernement anglais ne lui avait absolument rien donné, et cependant M. Stuart a découvert la moitié d'un continent propre à la culture du coton, qui peut affranchir l'Angleterre du tribut qu'elle paye aux États-Unis d'Amérique.

Angleterre. — La vingt-cinquième séance annuelle de la *Société pour la protection des indigènes* s'est tenue, le 23 mai, à l'hôtel de Radley, à Londres, sous la présidence de lord A. S. Churchill.

Un extrait du rapport annuel a été lu par le secrétaire, M. Chesham; ce rapport traite des attaques impi-

Monreale. — Dessin de H. Clerget d'après une photographie de MM. Sommer et Behles.

LA SICILE ET L'ÉRUPTION DE L'ETNA EN 1865.

RÉCIT DE VOYAGE PAR M. ÉLISÉE RECLUS.

TEXTE ET DESSINS INÉDITS.

PALERME.

La cité vue de la mer. — Le nouveau port. — La Cala et les atterrissements. — Le Ponte dell' Ammiraglio. — Les deux grandes rues de Palerme. — Physionomie des habitants. — Jalousie arabe. — Les cercles des bourgeois. — La *maffia* et le brigandage. — L'hôpital des fous. — La cathédrale de Palerme. — Le palais royal et la chapelle Palatine. — Le couvent des Capucins. — La cathédrale de Monreale. — Le monastère des Bénédictins. — Parco. — San Martino. — Le Monte-Cuccio. — Le Monte-Pellegrino.

Il commençait à faire jour lorsque notre bateau à vapeur dépassa le promontoire de Zaffarana et se dirigea sur le port de Palerme. L'air était encore froid et le vent qui soufflait directement en face tordait nos barbes et nos manteaux, mais nous grelottions avec courage, car la ville célèbre était en vue, et le panorama tant de fois admiré de la Conque-d'Or se déroulait lentement devant nous. Un nuage rose révélait la prochaine arrivée du soleil, et l'immense espace compris entre les cieux, la terre et les flots, s'emplissait de lumière. Dès qu'un rayon de flamme eut percé comme une flèche la nuée qui s'étendait à l'orient, une longue traînée d'éclairs brilla tout à coup sur la surface des eaux, les cimes des monts s'allumèrent comme des phares, les grandes ombres décroissantes s'accusèrent nettement, le relief se fit dans la vaste plaine qui semblait uniforme, les contours de plus en plus précis, les couleurs de plus en plus éclatantes réveillèrent la nature endormie, et la ville blanche, émergeant des vapeurs qui l'entouraient, apparut dans toute sa grâce rayonnante au milieu de sa forêt d'orangers.

Le port de Palerme est situé au nord de la ville, non loin de la base de ce superbe Monte-Pellegrino, dont les flancs, semblables aux murailles d'une forteresse inaccessible, gardent à l'ouest l'entrée de la baie. Un môle, qui passait encore au commencement de ce siècle pour une des merveilles de l'architecture hydraulique en Sicile, sépare ce port de la haute mer et le protége contre les vents de l'est et du nord-est. C'est à l'abri de ce brise-lames que vont mouiller les bateaux à vapeur; mais là on se trouve encore assez loin de la ville, et pour gagner Palerme, il faut s'embarquer de nouveau et faire une traversée de plus d'un kilomètre dans la partie la plus ouverte de la rade. Par un beau temps, on ne saurait s'en plaindre, mais quand souffle le vent d'orage et que la houle du large vient faire danser les barques et se briser avec fracas contre les grèves, on se dit tout bas que les ingénieurs auraient bien dû arranger les choses autrement et trouver un moyen d'amener les grands navires jusqu'aux embarcadères de Palerme.

Les passagers vont prendre terre au pied de l'église

XIII. — 336ᵉ LIV.   23

de la Catena, dont le beau portique, qui rappelle la Loge de Florence, se compose de trois arches elliptiques soutenues par des colonnes de marbre gris et donnant accès à trois portes de style renaissance ornées de feuillage et de fruits admirablement sculptés. L'église de la Catena est ainsi nommée d'une chaîne massive qu'on y attachait pour fermer l'entrée des deux ports de Palerme. En 1063, sept galères pisanes s'élançant avec force contre cette chaîne, la brisèrent par le choc de leurs proues, s'emparèrent de tous les navires chargés de marchandises qui se trouvaient dans le port et rapportèrent à Pise un immense butin. On s'en servit pour bâtir la célèbre cathédrale.

La petite crique qui s'étend devant l'église de la Catena et dont le rivage est le rendez-vous des *lazzaroni*, a gardé son ancien nom arabe de Cala. C'est là tout ce qui reste des vastes nappes d'eau diversement ramifiées qui avaient fait donner à la cité son nom de Panormos (tout port). Le terrain sur lequel sont construites les maisons de Palerme a subi les mêmes changements graduels que le sol de la Rochelle. Cette dernière ville occupait autrefois une roche (*rupella*), qui tenait au littoral de la Saintonge par une étroite péninsule, tandis que de nos jours elle se trouve dans une plaine d'alluvions et que son port communique avec la mer par un long chenal vaseux. De même, la ville de Palerme était bâtie autrefois sur une péninsule que deux larges bras de mer isolaient à droite et à gauche de la terre ferme. Soit que les divers conquérants qui se sont succédé en Sicile aient comblé ces baies intérieures par des amas de décombres, soit que les deux petits ruisseaux de Palerme aient apporté assez d'alluvions pendant le cours du siècle pour forcer ainsi la mer à reculer, soit qu'il y ait eu dans cette partie de la Sicile, comme sur les côtes de la Saintonge, un phénomène de soulèvement graduel de toute la contrée, il est certain que l'ancienne presqu'île de Palerme est perdue tout entière dans les atterrissements, et les grands ports qui entouraient la ville ne sont plus représentés que par l'insignifiant bassin de la Cala. Les flots de la baie ont incessamment reculé devant les terres envahissantes. D'ailleurs on voit encore, non loin de la gare du chemin de fer de Termini, un témoignage remarquable du changement de niveau qui s'est produit depuis les siècles du moyen âge. Un pont normand connu sous le nom de *Ponte dell' Ammiraglio*, en souvenir d'un compagnon de Roger, développe ses arcades pittoresques, non plus, comme jadis, au-dessus de la petite rivière de l'Oreto, mais au-dessus d'un champ beaucoup plus élevé que le niveau actuel du cours d'eau. On ne peut s'empêcher de croire que la terre a poussé et dans son mouvement de croissance a soulevé l'édifice.

En se promenant dans la ville, on peut encore suivre en certains endroits les contours des anciens bras de mer. Plusieurs ruelles sinueuses sont les sentiers qui longeaient autrefois le bord des grèves, et nombre de sentines infectes marquent les emplacements des dernières criques où s'évapora l'eau marine. Toutefois la disposition actuelle des quartiers de Palerme ne dépend aucunement du relief topographique. La ville forme un quadrilatère presque régulier, et ce quadrilatère luimême est coupé en quatre parties égales par deux rues de plus d'un kilomètre de longueur qui se coupent à angle droit au centre mathématique de Palerme. Les gouverneurs espagnols qui ouvrirent ces avenues régulières vers la fin du seizième et au commencement du dix-septième siècle, avaient surtout en vue de plaire à la sainte inquisition en traçant ainsi le signe de la croix sur la ville entière. Leurs travaux de percement se bornèrent à l'ouverture de ces voies qui devaient leur faciliter indirectement l'entrée du ciel, et qui devaient en même temps assurer à jamais la possession de Palerme à « Sa Majesté très-catholique. » Quant aux quartiers de Palerme compris entre les branches de la croix, ils gardèrent leur labyrinthe de rues étroites, tortueuses et malsaines. Encore de nos jours ces parties de la ville ont leur antique physionomie sarrazine, et ce n'est pas sans une certaine appréhension que l'étranger ose s'y aventurer.

Aussi, parmi les visiteurs de la Sicile, un grand nombre, et notamment ceux qui affectent de ne sortir qu'en voiture, ne connaissent de Palerme que les deux rues principales et les allées extérieures. Pour se rendre à Monreale, à la Ziza, à San Martino, ils remontent dans toute sa longueur la rue de Toledo, appelée aussi Corso Vittorio Emmanuele; pour aller parcourir les allées du jardin anglais ou se diriger vers la gare du chemin de fer, ils suivent dans l'un ou l'autre sens la rue transversale de Maqueda; ils voient et revoient tous les jours ces vulgaires étalages de marchandises anglaises ou françaises, ces boutiques de journaux grossièrement construites sur le modèle des kiosques parisiens, cette population plus ou moins cosmopolite qui s'établit dans toutes les villes d'Europe sur les grandes avenues commerciales. Quant à la véritable Palerme, celle où n'habitent que les « fils du pays, » artisans, petits bourgeois, gentilshommes appauvris, moines, mendiants ou voleurs, la plupart des étrangers se contentent de l'entrevoir, là où les sombres ruelles, au pavé sale et raboteux, aux maisons branlantes, aux fenêtres pavoisées de guenilles, viennent déboucher dans l'une des deux rues qui constituent toute la Palerme officielle.

Néanmoins, le nouveau débarqué qui se borne à flâner sur le trottoir de la rue de Toledo, remarque déjà sur ce terrain banal bien des choses qui sont de nature à l'étonner. En mettant le pied sur la terre de Sicile, on est tout naturellement porté à croire que sous ce beau ciel, au milieu de cette nature charmante, l'homme luimême se met en harmonie par la grâce et la noblesse de ses traits avec tout ce qui l'entoure. A cette idée, subie par ceux-là même qui ne s'en rendent point compte, se mêlent les souvenirs de la poésie et des arts de l'antiquité qui jettent un reflet de leur beauté sur les peuples riverains de la Méditerranée. On s'attend à voir sous le costume moderne les types admirables de la statuaire grecque; mais, hélas! on est bientôt détrompé. Le mélange des diverses races qui se sont rencontrées à Palerme, Sicules et Phéniciens, Carthaginois et Grecs, Romains, Goths, Arabes, Normands, Espagnols, Italiens, ne s'est point opéré d'une manière heureuse : aucun nouveau type de beauté, comparable à ceux d'autrefois, n'est issu de ce croisement. Palermitains et Palermitaines ont en général les traits lourds, disgracieux, presque barbares. En voyant cette population, on ne peut échapper à l'idée qu'elle a été graduellement enlaidie par l'ignorance, la superstition et la misère. Ce n'est point impunément qu'on traverse de longs siècles d'oppression. Le despotisme ne se contente pas d'avilir les âmes et de déprimer les intelligences, il enlaidit jusqu'aux masques eux-mêmes.

En parcourant les divers quartiers de Palerme, on est surpris de voir un si petit nombre de femmes, même aux heures où la circulation est la plus active. La foule est presque en entier composée d'hommes. A part les dames et les demoiselles de la colonie étrangère, anglaises, allemandes, américaines, que d'ailleurs il est facile de reconnaître à leur teint et à leur démarche, on n'aperçoit guère que de rares femmes du peuple travaillant çà et là dans les magasins ou devant leurs portes. L'aspect général de la ville est assombri par tous les passants en vêtements noirs qui longent les bords de la chaussée comme deux processions de fourmis; on cherche du regard quelque robe aux couleurs gaies qui contraste avec tout ce lugubre défilé de paletots et de chapeaux à haute forme. D'où vient que la Palermitaine reste ainsi claquemurée dans sa demeure? Il n'est pas probable qu'elle soit uniquement retenue par la crainte d'altérer la fraîcheur de son teint en s'exposant au soleil et à la poussière. Si l'on en croyait les étrangers domiciliés à Palerme, les indigènes auraient conservé de leurs ancêtres musulmans la féroce passion de la jalousie, ils surveilleraient leurs épouses comme s'ils étaient de vrais pachas et leur interdiraient autant que possible la sortie du harem. On ajoute du reste que, par une conséquence bien naturelle, cette claustration des femmes nuit à leur vertu. Quoi qu'il en soit, il ne faut point oublier que Palerme fut pendant plus de deux siècles une des villes de prédilection des Sarrazins et que Tunis est seulement à une journée de navigation. On ne saurait s'étonner que les mœurs palermitaines se ressentissent en effet de la double influence du voisinage et de l'ancien état social.

Si les dames sortent peu, en revanche, le bourgeois de Palerme, qui s'ennuie peut-être dans la compagnie de sa prisonnière, aime beaucoup à dépenser son temps loin du foyer domestique. Toutefois, il est économe, comme l'étaient, parmi ses nombreux aïeux, le Carthaginois et l'Arabe, et ce n'est point lui qui se permet de dépenser follement ses revenus dans les cafés ou les théâtres. Ces institutions de luxe ne sont guère fréquentées que par les Italiens du continent ou les étrangers. Quant au rentier palermitain, il va passer la plus grande partie de la journée sur les sofas de quelque chambre largement ouverte sur le trottoir de la rue de Toledo. Là, il voit passer tout à son aise le flux et le reflux des passants, il cause des scandales du jour avec ses amis; au besoin, si la conversation tarit, il peut s'assoupir, bercé par les rumeurs de la foule. Dans ces cercles, point de journaux ni de livres, point de billards, de jeu de dames ou de jeu d'échecs, pas même de liqueurs. Les associés ne cherchent aucunement à s'instruire ou à faire travailler leurs mains : il leur suffit de « tuer le temps » sans avoir à délier les cordons de leur bourse. Leur seule dépense est d'acquitter le loyer de cet observatoire, où ils se sont installés pour voir, bourgeois eux-mêmes, le petit monde des passions bourgeoises défiler devant eux. Aux fenêtres grillées des étages supérieurs d'autres regards suivent aussi le va-et-vient de la foule : ce sont les regards des religieuses, qui, pour louer le rez-de-chaussée de leurs demeures à des profanes, se sont cloitrées sous les combles.

Un jeune médecin piémontais, qui se trouvait précisément chargé d'un travail de statistique morale sur la population de Palerme, voulut bien, avec une extrême complaisance, me servir de *cicerone* dans la ville et me faire part du résultat de ses études. Son enquête lui avait révélé de telles misères et de tels abîmes de honte qu'il en était amené parfois à un véritable désespoir, et qu'à chaque instant du jour il pensait à s'enfuir pour aller retrouver la paix de l'âme dans ses montagnes natales du Val d'Aoste. Ce qui contribuait à l'exaspérer encore plus, c'est qu'en sa qualité d'étranger et de Piémontais, il avait à braver dans chaque Palermitain cette verve railleuse dont s'arment toujours contre leurs maîtres les peuples habitués à changer de servitude. Il est probable que par réaction contre toutes ces inimitiés et ces moqueries, le pauvre savant n'avait pas su garder la sérénité de sa pensée et jugeait trop sévèrement la population de Palerme; mais les documents officiels qui lui servaient de point d'appui constatent que l'état moral de la ville sicilienne est en effet bien déplorable. Au commencement de l'année 1865, il n'y aurait pas eu moins de quatre à cinq mille affiliés à cette ligue secrète de la *maffia*, dont les membres s'engagent solidairement à vivre de tromperies, de fraudes et de vols de toute espèce. A cette époque, encore si rapprochée de nous, la plupart des commerçants et des industriels étaient obligés, pour vivre eux-mêmes et continuer librement leur métier, de payer la dîme de leurs revenus aux chefs de la redoutable association : on peut dire que la ville tout entière obéissait en même temps à deux pouvoirs, celui de l'Italie et celui de la *maffia.* Cette dernière puissance est d'autant mieux écoutée que ses ordres consistent en simples signes, en gestes, en regards, en attouchements, en paroles mystérieuses; l'inconnu lui prête toutes ses terreurs, et parfois un coup de poignard prouve qu'elle a aussi ses juges et ses bourreaux. Les effets d'un pareil régime sur le commerce sont faciles à deviner. Les entraves que ces exactions traditionnelles apportent aux échanges, et, d'un autre côté, l'indolence générale des habitants, ont laissé la capitale de la Sicile dans une grande pauvreté relative. Palerme est deux fois plus peuplée que Gênes, et cependant elle est cinq fois moins riche en proportion.

Précisément à l'époque de mon voyage, un fléau, bien plus terrible que la *maffia*, désolait les environs de Palerme et les deux provinces limitrophes de Trapani et de Girgenti. C'était le brigandage. A la faveur du changement de régime politique et du désarroi temporaire qui s'en était suivi dans toutes les parties de l'administration sicilienne, les voleurs du pays, vrais Bédouins auxquels il ne manque guère que le burnous,

s'étaient empressés d'aller battre les campagnes pour détrousser les voyageurs. De petites bandes se formèrent ainsi sur divers points du territoire, puis, après le vote des lois de conscription, se grossirent rapidement de centaines et de milliers de réfractaires. Les levées régulières de soldats ayant été jusqu'alors inconnues en Sicile, un grand nombre de jeunes gens, évalués en certains districts au cinquième, ou même au quart de tous les appelés, trouvèrent moyen de se soustraire au service militaire par l'émigration, la fuite ou le brigandage. Toute sécurité disparut dans les campagnes des provinces occidentales; même les abords des grandes villes furent menacés, et plus d'une fois les ban-

La Ziza. — Dessin de H. Clerget d'après une photographie de MM. Sommer et Behles.

dits se risquèrent dans les faubourgs de Palerme. Quelques villages écartés, dont les habitants étaient à moitié victimes, à moitié complices, servaient de retraite aux brigands, et ceux-ci, grâce à leur connaissance du pays et des hommes, grâce également à la difficulté d'accès que présentent leurs montagnes, pouvaient échapper facilement à la poursuite des troupes régulières. Sous l'influence de cette hideuse guerre de ruses, d'escarmouches et de meurtres en détail, le pays était menacé de retomber promptement à l'état de barbarie, si l'on ne s'était enfin décidé à faire opérer toute une armée contre les bandes qui tenaient la campagne. D'ailleurs, il paraît que jamais les brigands siciliens ne

se sont rendus coupables d'abominations semblables à celles que l'on raconte de certains chefs des Calabres et des Abruzzes; mais la plupart d'entre eux sont d'une ignoble lâcheté. Par une vieille habitude de politesse obséquieuse, ils regardent le plus souvent avec humilité les voyageurs riches qui sont devenus leur proie. Un ingénieur, que le hasard me donna pour compagnon de route entre Palerme et Termini, me conta qu'ayant été saisi par les brigands, il avait été invité respectueusement à descendre de voiture :

« Saluez son excellence, s'écria le chef. C'est un *galant'uomo* (un riche) ! »

Et tout à côté, ces mêmes scélérats venaient de ren-

Cathédrale de Palerme. — Dessin de H. Clerget d'après une photographie de MM. Ferrier et Soulier.

verser un pauvre charretier à coups de bâton et de le laisser sur le sol baigné dans son sang.

Heureusement, le brigandage n'est qu'un accident passager dans l'histoire de Palerme, et bientôt, sous l'influence des livres, des journaux et des écoles, qui conquièrent incessamment les nouvelles générations, la *maffia* elle-même, cette corporation du vol et de la fraude, aura disparu comme tant d'autres institutions léguées par le moyen âge. Il serait bien triste de penser que la population de cette ville si gracieusement située pût rester condamnée à la malpropreté, à l'ignorance, à la superstition, aux rivalités mesquines. Au contraire, le mouvement qui emporte aujourd'hui l'Europe vers un meilleur état social nous permet d'espérer que Palerme progressera plus rapidement que d'autres cités déjà plus avancées, et que l'étranger n'y éprouvera bientôt plus ce pénible contraste qu'offrent la barbarie réelle d'une si grande partie des habitants, et cette admirable nature, cette baie aux contours gracieux, ces magnifiques jardins, ces avenues de palmiers, ces promenades d'érythrines aux grappes de corail. Qu'il serait facile d'être heureux à Palerme! s'écrie-t-on en voyant cette ville charmante. Dans cette atmosphère clémente et sur cette terre féconde, qu'il serait aisé de vivre en paix avec soi-même et avec ses semblables! Et pourtant bien peu de cités ont été plus infortunées que Palerme *la felice*; il en est bien peu dans notre Europe qui semblent avoir plus de progrès à réaliser pour prendre part au grand mouvement de la civilisation contemporaine. Vraiment on serait tenté parfois de croire à la vérité de cette inscription qu'un célèbre misanthrope bienfaisant de Palerme a fait graver sur la porte de l'hospice des fous : « C'est ici qu'habite la Sagesse. »

Puisque je parle de cet établissement si remarquable, je ne saurais négliger de dire qu'en effet la sagesse y habitait, du moins dans la personne du directeur, le baron Pisani. Cet homme généreux, indigné par les traitements atroces que l'on faisait autrefois subir aux fous, avait consacré sa vie et sa fortune à faire rentrer la paix dans ces pauvres intelligences obscurcies. Dans

Porche occidental de la cathédrale de Palerme. — Dessin de H. Clerget d'après une photographie de MM. Ferrier et Soulier.

sa maison, les gardiens ne se servaient ni de chaînes ni de gilets de force; les lunatiques, accueillis comme des hôtes respectés, n'entendaient que des paroles amies, ne recevaient que des traitements humains, et plus d'un, parmi eux, ne connut le bonheur que dans cet asile. L'air pur, la bonne hygiène, les habitudes régulières, un travail librement choisi, tels furent les moyens de guérison choisis par Pisani. Ceux de ses malades qu'une immuable mélancolie ne condamnait pas à se promener solitairement dans les jardins, prirent tous quelque métier et contribuèrent, chacun pour sa part, à l'entretien ou à l'ornementation de sa maison. Les uns se firent cuisiniers, cordonniers, tailleurs, maçons; d'autres, qui manifestaient du goût pour les arts, tracèrent des allées, creusèrent des grottes et des fontaines, élevèrent des palais et des théâtres en miniature, sculptèrent des statues, couvrirent les murailles de fresques plus ou moins baroques. L'un d'eux, dans une vaste composition allégorique, figura le Triomphe du génie de la Douceur sur le monstre de la Cruauté et sur la Folie elle-même. Au-dessous de cette fresque sont suspendues de lourdes chaînes, symbole de celles que brisa Pisani.

Actuellement l'institution continue d'être dirigée d'une manière générale suivant les principes du fondateur; mais on affirme que le zèle pour les améliorations s'est bien ralenti, et que diverses distinctions basées sur la fortune des malades ont introduit dans la population de l'hospice des rivalités fâcheuses. En tout cas, les patients du sexe masculin paraissent être beaucoup mieux traités que les folles. Soit que par un reste déplorable de superstition, les Siciliens voient dans la femme un être inférieur ne méritant pas les mêmes soins que l'homme, soit que la démence et la folie produisent des effets beaucoup plus irrémédiables dans les organismes féminins, les visiteurs ne peuvent s'empêcher de remarquer un pénible contraste entre les parties de l'établissement consacrées à chaque sexe. Quel spectacle horrible que celui de ces êtres qui furent jadis des femmes et qui sont maintenant des animaux accroupis contre les murailles et couverts de haillons sordides! On dirait d'immondes figures de

pierre, si de ces formes immobiles, de ces faces grima-
çantes et féroces, ne jaillissait un regard étincelant qui
vous suit et vous glace !

Les autres établissements publics de Palerme, hos-
pices, écoles ou colléges, ne peuvent guère attirer la
curiosité des visiteurs étrangers; mais parmi les monuments proprement dits, il en est plusieurs des époques sarrazine et normande qui offrent le plus grand
intérêt. Tels sont les restes des palais mauresques de la
Cuba et de la Ziza qu'ont ensuite restaurés et gâtés
les princes normands et les seigneurs espagnols ou napolitains. Telle est aussi la cathédrale qu'un archevê-
que, Anglais de naissance, Walter of the Mill, fit construire à la fin du dou-
zième siècle, et qui, depuis
cette époque, n'a cessé
d'être rebâtie partielle-
ment, tantôt d'un côté,
tantôt de l'autre. Sur cet
entassement de murailles
de styles différents s'arrondit une coupole moderne
de mauvais goût; aussi
faut-il se hâter d'exami-
ner les détails d'architecture pour échapper à l'impression que produit la
médiocrité de l'ensemble.
La façade occidentale est
de beaucoup la plus belle
portion de l'édifice. Réunie à la tour du beffroi
par deux arcades ogivales
qui passent au-dessus de
la rue à vingt mètres de
hauteur, cette façade est
elle-même surmontée de
deux tours semblables à
des minarets tronqués.
Les trois portes gothi-
ques, aux parements de
marbre jaunis par le so-
leil, sont décorées de
sculptures merveilleuses
de fini représentant des
feuilles d'acanthe et des branches entrelacées. Parmi
les plus célèbres édifices religieux du moyen âge, il en
est peu dont l'ornementation soit à la fois plus riche et
plus gracieuse.

Palerme n'a pas moins de deux cents églises ou chapelles. De tous ces édifices religieux, le plus remarquable
est, sans contredit, la *Capella Palatina*, située dans le
palais royal, bizarre assemblage de constructions sans
ordre et sans goût. Un grand drapeau flotte sur le porche, des sentinelles marchent d'un pas régulier sur le
pavé de la place et dans les corridors; mais, indifférent
à tout cet appareil militaire, l'étranger peut fort bien,
sans s'inquiéter du moindre *qui vive*, pénétrer dans les

salles, parcourir les galeries, errer de cour en cour et
de la cave au grenier. En accomplissant ainsi son voyage
d'exploration dans le palais, le visiteur ne peut manquer
de découvrir le charmant oratoire connu sous le nom de
chapelle Palatine.

La galerie d'accès est tapissée de mauvaises fresques
et d'autres prétendues œuvres d'art qui ne permettent
guère de se figurer la splendeur de la salle dans laquelle
on va pénétrer. La porte elle-même est décorée de ridicules bas-reliefs en marbre blanc représentant des cé-
rémonies royales où des généraux et des laquais font
de magnifiques effets de chapeaux à claque, d'habits à
la française et de faux mollets. Mais que l'on fasse un
pas de plus et l'on se
trouve dans un vaisseau
de proportions admira-
bles et d'une richesse
éblouissante. La chapelle
Palatine, monument tout
à fait unique dans son
genre, réunit à la fois,
par une combinaison des
plus harmonieuses, les
diverses beautés de l'art
byzantin, de l'art mauresque et du roman. La petite
chapelle, longue de vingt-
six mètres à peine, est
une église complète, avec
sa nef, ses bas côtés, son
chœur, ses trois absides.
Des colonnes de granit ou
de marbre, surmontées de
chapiteaux diversement
sculptés, soutiennent une
voûte multicolore que hé-
rissent de nombreux pen-
dentifs semblables à ceux
de l'Alhambra. Jusqu'à
hauteur d'appui, les murs
sont couverts de petits
cubes de marbre et de
porphyre entremêlés en
arabesques d'une éton-
nante variété de dessins.

Porche méridional de la cathédrale de Palerme. — Dessin de M. Clerget
d'après une photographie de MM. Ferrier et Soulier.

Au-dessus, tout le pourtour de l'enceinte n'est qu'une
vaste mosaïque représentant, en figures un peu roides et grossièrement exécutées, mais nobles et pleines
de sentiment, les principales scènes de l'histoire juive
et chrétienne. Le chœur est élevé de plusieurs marches au-dessus de la nef. Une haute coupole, percée
de fenêtres étroites, laisse tomber sur le pavé de marbre une faible lumière dont le reflet va se perdre sous
les sombres arcades. Parfois un rayon de soleil, porté
pour ainsi dire sur des vapeurs d'encens, plonge obliquement dans l'intérieur de la chapelle, et de son pin-
ceau lumineux, qui passe avec lenteur sur les murailles, révèle successivement les groupes de mosaïque,

les arabesques, les inscriptions, les sculptures des colonnes. Le tableau est des plus saisissants au point de vue de la couleur, lorsque le prêtre, couvert de ses vêtements d'or et de soie, officie en pleine lumière sur les hautes marches de l'autel, et que, par le contraste, la congrégation est seulement à demi entrevue dans l'ombre de la nef.

La cathédrale de Monreale, qui couronne un contre-fort du Monte-Caputo, à quatre kilomètres au sud-ouest de Palerme, est un monument de l'époque normande à peine inférieur en beauté à la chapelle Palatine et de proportions beaucoup plus considérables. La route qui monte vers Monreale traverse un long faubourg où, mal-gré la poussière et les ordures, l'odeur dominante est celle des multitudes d'orangers de la plaine. Au pied de la colline, on laisse à droite ce fameux couvent des Capucins, où tous les moines trépassés sont séchés au four, puis rangés comme des figures de cire dans les niches de galeries souterraines. De nombreuses gravures ont fait connaître l'aspect de ces horribles collections de cadavres que leurs frères encore en vie parfument d'eau de senteur et décorent de bouquets et de rubans pendant les jours de fête. Les femmes n'ont point le droit d'entrer dans ces nécropoles, comme si les moines, même après la mort, étaient exposés à rompre leurs vœux.

Par leur masse énorme, la cathédrale de Monreale et

Cloître des Bénédictins à Monreale. — Dessin de H. Clerget d'après une photographie de MM. Sommer et Behles.

le monastère adjacent semblent former la moitié de la ville, amas sordide de maisons où l'on ne trouve pas même d'auberge, pas même de café, et qui compte pourtant une population de près de vingt mille âmes. L'extérieur de l'église n'offre rien de remarquable comme architecture, si ce n'est les absides aux arcades entrecroisées, aux assises de marbre alternativement blanc et noir. Les deux portes de bronze sont des œuvres fort belles. Celle du nord, qui date de la fin du douzième siècle, est entourée de mosaïques et divisée en vingt-huit compartiments, dont chacun représente une scène de la vie de Jésus-Christ ou renferme la figure d'un prophète ou d'un apôtre; de gracieuses arabesques d'une belle exé-cution séparent chaque sujet. La porte occidentale, encadrée dans un porche où les ornements mauresques se mêlent au roman et au byzantin, est l'œuvre du célèbre grec Bonanno de Pise, l'un des architectes de la tour penchée. Il paraît que les bas-reliefs de la porte de bronze de Monreale, représentant les scènes principales de l'histoire biblique, sont tout simplement une reproduction de ceux de la cathédrale de Pise, qui furent détruits par un incendie en 1596. Les figures, assez grossièrement exécutées, sont vigoureusement conçues, et l'ensemble de toutes les scènes produit un grand effet. Il est fâcheux pour la gloire de Bonanno, que, de ses deux portes, ce soit précisément celle de Pise, l'une des

Portail occidental de la cathédrale de Montréale. — Dessin de Thérond d'après une photographie de M. Paul Berthier.

étapes du chemin de tous les artistes, qui ait été détruite par le feu.

Lorsque les deux battants de bronze sont ouverts et que l'on peut embrasser d'un coup d'œil tout l'intérieur de la cathédrale de Monreale, on reste frappé d'étonnement, car aucune des églises du nord de l'Europe et de l'Italie ne donne une idée de l'effet produit par la nef de cet édifice à la fois mauresque et byzantin. Là aussi les architectes ont su donner à l'ensemble un aspect étrange et formidable; mais ce n'est pas en excluant la lumière ou en la dénaturant par des vitraux comme dans les cathédrales gothiques, ce n'est pas en enfermant les ombres indistinctes sous de hautes voûtes où se perdent les pensées en même temps que les regards. Non, les rayons du soleil pénètrent librement dans la nef de Monreale et révèlent toutes les magnificences de l'architecture, tous les détails des arabesques; la voûte, soutenue par des poutres dorées, brille des couleurs les plus éclatantes; le marbre, le porphyre, la serpentine s'unissent pour faire de l'édifice une merveille de splendeur et de richesse. Tandis que le mystère domine dans les églises du nord et qu'on s'y sent ému par une frayeur vague dont il est difficile de se rendre compte, ici, dans l'église byzantine, c'est la vue d'une figure se dressant en pleine lumière qui doit agir directement sur les âmes. Toute la partie supérieure de l'abside centrale est remplie par une grande mosaïque représentant le buste colossal du Christ Pantocrator. Solennel et terrible, le juge lève la main droite comme pour bénir; mais, dans la main gauche, il tient le formidable livre où se trouve écrite la condamnation des vivants et des morts. Son regard triste est implacable comme la fatalité, on voit que les décisions pour la vie ou pour la mort éternelles y sont déjà prises d'une manière irrévocable. Tout le pourtour de l'église est couvert de mosaïques racontant en groupes sévères les faits principaux de l'histoire biblique; mais, loin de distraire l'attention de la grande figure qui remplit la nef de son regard puissant, toutes ces formes qui s'agitent ne sont autre chose, dans la pensée de l'artiste, qu'une solennelle procession des siècles devant le juge éternel.

Le couvent de Bénédictins annexé à cette église unique dans son genre renferme également de fort beaux restes de l'architecture sicilienne du moyen âge. Le cloître, l'un des plus grands que l'on connaisse, est entouré d'une galerie quadrangulaire de deux cent seize colonnes disposées deux par deux et toutes décorées de sculptures différentes; les unes sont polies, les autres cannelées, d'autres encore tordues en spirale : il en est qui sont couvertes de mosaïques, de bas-reliefs, de guirlandes. Les chapiteaux représentent soit des feuillages ou des fruits, soit des animaux étranges, des scènes de chasse, des tournois, des scènes historiques ou bibliques, des miracles; parfois ce ne sont que de simples arabesques. Sur les deux cent seize chapiteaux, il n'en est pas un seul qui soit la reproduction d'un autre, tant l'imagination de l'artiste a su varier les formes.

Quant au reste du monastère, il n'offre guère que de riches appartements modernes où se prélassent les capitaines et les majors de la garnison. Quelques toiles, entre autres un chef-d'œuvre de Pietro Novelli, représentant *Saint Bruno et ses disciples*, ornent les parois des galeries; mais le plus beau tableau est certainement la vue que l'on a des balcons du couvent sur la Conque-d'Or et sur les montagnes escarpées qui l'entourent. Directement en face, de l'autre côté de la vallée de l'Oreto, on aperçoit la ville de Parco, bâtie sur une terrasse, entre deux précipices. Une route serpente au flanc de ces escarpements, gagne un col ouvert entre deux cimes arides, puis disparaissant et reparaissant tour à tour dans les ravins et sur les contre-forts, développe ses sinuosités dans la direction de l'ancienne colonie d'Albanais, connue sous le nom de Piano de' Greci. C'est par une marche entreprise hardiment à travers ces montagnes que Garibaldi s'empara de Palerme en mai 1860. Les troupes napolitaines le poursuivaient sur la route de Piano de' Greci et croyaient déjà pouvoir l'acculer dans une gorge, lorsque soudain Garibaldi se jeta vers le nord, descendit dans la plaine, derrière les Napolitains lancés à sa suite, et, renversant à la course tous les obstacles, pénétra dans la ville où la population insurgée l'accueillit avec transport.

A moins d'une lieue à l'ouest de Monreale se trouve un autre couvent de Bénédictins, non moins grand et non moins riche que le premier. Ce monastère, consacré à San-Martino, ressemble à une énorme caserne et barre presque entièrement une vallée enfermée de tous les côtés par de hautes montagnes. Les moines, tous riches et de famille noble, qui se sont établis dans cette espèce d'abîme, à la base de roches nues, n'ont pas manqué, suivant l'habitude des religieux de leur ordre, d'embellir leur palais solitaire de fresques, de tableaux, de statues, de grandes collections de livres et de manuscrits. La communauté de San-Martino se targue d'être la plus opulente de la Sicile; aussi ne cesse-t-elle de dépenser des capitaux considérables en œuvres d'art et en embellissements de diverses natures. Sans aucun doute, les richesses accumulées dans cette seule maison dépassent en valeur tout ce qu'il y a de meubles et d'argent dans les villages populeux situés plus bas sur la route de Palerme. Le musée du couvent contient de beaux tableaux de Van Dyck, du Dominiquin, de Novelli, d'Annibal Carrache, des milliers d'objets d'art datant de l'antiquité, du moyen âge, et, parmi de nombreuses reliques, jusqu'à « la vraie coupe dans laquelle Socrate but la ciguë ». Malheureusement, tous ces trésors sont distribués sans goût, et tant de choses médiocres se mêlent aux œuvres vraiment belles ou curieuses, que l'attention se fatigue bientôt. On se sent l'esprit soulagé d'un grand poids lorsqu'on se retrouve enfin dans la libre nature, au bord du petit ruisseau qui parcourt le vallon sous l'ombre des peupliers et des pins d'Italie.

La plus haute montagne des environs de Palerme est le Monte-Cuccio ou Aguzzo, qui n'a pas moins de mille cinquante mètres d'élévation et dont les escarpements se redressent précisément au-dessus du vallon de San-Martino. J'aurais voulu gravir cette pyramide d'où l'on contemple une vue des plus grandioses sur tout le littoral de la Sicile orientale et, du côté de l'orient, sur le groupe des monts Madonia; mais, lorsque je me trouvai au pied de la montagne, il était déjà tard et je n'avais plus le temps d'escalader les pentes avant le coucher du soleil. D'ailleurs, s'il faut tout dire, je n'ignorais point que les brigands tenaient la campagne dans les environs de Palerme, et toutes les fois que je voyais surgir derrière les roches un ou plusieurs paysans armés de carabines comme le sont la plupart des Siciliens, je ne pouvais me défendre d'une certaine émotion.

« Quelle chance, me disais-je, si les malandrins me traînent dans une grotte et réclament cent mille francs pour l'*eccellenza* qu'ils auront capturée!... Et puis, s'ils devaient me couper une oreille, puis l'autre, puis le nez!... Décidément le Monte-Cuccio est trop haut. D'ailleurs il se fait tard et j'ai faim. Rentrons à Palerme. »

Heureusement, si je n'escaladai pas le Monte-Cuccio, je ne manquai pas de faire le lendemain l'ascension de la plus haute pointe du Monte-Pellegrino, dans les flancs duquel s'ouvre la fameuse grotte de Sainte-Rosalie, tant de fois décrite par les voyageurs. Le Pellegrino est une forteresse naturelle de vingt kilomètres de circonférence, où l'on ne peut accéder que par un éboulis de rocs sur lequel on a établi les tournants de la route en escalier qui descend vers Palerme. Jadis cette montagne était une acropole où s'enfermaient les combattants expulsés de la ville. Pendant la première guerre punique, Hamilcar-Barca s'y maintint durant trois années contre tous les efforts d'une armée romaine. Le piton central, qui s'élève à cinq cent quatre-vingt-dix mètres de hauteur, ne laisse pas que d'être assez difficile à gravir. Au-dessus de l'endroit où cesse la route des pèlerins, il faut se glisser entre les pierres aiguës, se hisser à force de bras sur les rochers, éviter les branches pointues des broussailles; mais on est bien récompensé de sa peine par l'éblouissant panorama qui se déroule autour du sommet. A ses pieds, on voit s'étaler la grande ville avec ses rues, ses places, ses routes qui rayonnent dans la campagne, puis se bifurquent encore pour s'enfoncer dans les vallées ou gravir en lacets les escarpements des monts. La Ziza, la Favorita, toutes les charmantes villas de la plaine des orangers se montrent éclatantes de blancheur dans leur nid de verdure. Les hautes cimes, aux teintes violettes, se développent en amphithéâtre autour des jardins de Palerme, et se prolongent vers l'orient, de crête en crête, jusqu'aux monts neigeux des Madonia, au delà desquels se dresse comme un nuage blanc ou doré la masse fumante de l'Etna. En bas s'étend la mer, si profonde qu'on dirait un autre ciel, plus bleu que celui d'en haut, et que les voiles éparses semblent autant d'oiseaux planant dans l'atmosphère. Tous les contours du rivage sont d'une netteté parfaite. Le littoral est rhythmé, pour ainsi dire, par une succession de baies semi-circulaires et de promontoires escarpés. Voici le

Caltafano, qui semble un Monte-Pellegrino en miniature; plus loin, c'est la terrasse qui porte la ville de Termini, plus loin encore la pointe de Cefalù; enfin, dans l'immense éloignement, à cent soixante kilomètres de distance, s'allonge comme une ombre bleuâtre le cap d'Orlando. Au milieu de la mer, s'élèvent comme des pyramides au-dessus de la brume les trois hautes îles d'Ustica, de Felicudi, d'Alicudi; parfois même on distingue le groupe vaporeux des îles Lipari et Volcano.

C'est bien sur la tour du Monte-Pellegrino qu'on aurait dû graver cette inscription espagnole du palais de la Ziza :

> « Del orbe Europa es honor,
> De Europa Italia verjel,
> Sicilia compendio del,
> Y esta vista la mejor [1]. »

DE PALERME A MILAZZO.

Le chemin de fer du littoral. — Bagaria, Solunto, la Trabbia. — Le pont de San Leonardo. — Termini et le mont San Calogero. Himera. — Cefalù. — Le *scirocco*. — Santo Stefano. — Santa Agata. — Le cap d'Orlando. — Tyndare.

De par le monde, il existe encore beaucoup de personnes qui, sous l'influence des souvenirs poétiques de leur jeunesse, voient dans les chemins de fer une déplorable innovation, et préfèrent à la locomotive la patache antique. A leur aise! Avec eux on peut avouer que les wagons, mal suspendus, secouent les voyageurs d'une manière désagréable, et que le sifflet de vapeur est un fâcheux instrument de musique; mais en dépit de ces inconvénients, et d'autres encore, il n'en est pas moins vrai que le sentiment de la vitesse et de la rapide succession de paysages se complétant les uns par les autres, ajoute beaucoup à la beauté de la nature à travers laquelle on est emporté. D'ailleurs, dans un pays encore barbare comme la Sicile, la vapeur apporte avec elles toutes les idées du monde moderne. Par sa seule présence dans un wagon de chemin de fer, le voyageur est un missionnaire de la civilisation.

La partie de la Conque-d'Or, à travers laquelle passe la voie ferrée, n'est pas moins belle que les campagnes situées à la base du Monte-Pellegrino. Une mer de verdure se déploie entre le littoral et les escarpements du Monte-Griffone, aux flancs jaunâtres et percés de cavernes. Villages entourés d'orangers, vieilles tours, aqueducs aux arcades inégales, petites collines hérissées de rochers se succèdent rapidement. Voici Bagaria et Santa Flavia, avec leurs grands palais, leurs maisons de plaisance, leurs églises aux tuiles vernissées qui reluisent au soleil. A notre gauche se dresse le Monte-Caltafano, le gardien oriental de la baie de Palerme; puis à sa base nous voyons s'arrondir un golfe dont l'eau baignait autrefois une ville phénicienne et grecque remplacée par le hameau de Solunto. Maintenant nous

---

1. L'Europe est la gloire de l'univers, — l'Italie est le jardin de l'Europe, — la Sicile résume l'Italie, — et de toutes ses vues celle-ci est la plus belle.

longeons la plage, nous passons à travers deux ou trois promontoires de rochers, et nous pénétrons brutalement par la brèche du rempart dans une ville du moyen âge, aux grandes tours crénelées. C'est la Trabbia, dernière station du chemin de fer en 1865.

Quelques omnibus recueillent les voyageurs pour les emmener à Termini, mais ce petit voyage de 4 kilomètres se complique du passage d'une rivière. Les eaux du San Leonardo coulent en travers de la route, et les voitures vont, les unes après les autres, se laver de leur poussière et faire provision de boue en plongeant dans les fondrières du torrent. Il est vrai qu'un pont monumental arrondit sa grande arcade au-dessus du San Leonardo, immédiatement en amont du gué ; mais, par une convention tacite, les postillons et les charretiers siciliens dédaignent de passer sur le pont, tant qu'il n'y a pas danger de mort à franchir le torrent débordé. D'ailleurs, le gouverneur castillan qui fit con-

struire cette arcade il y a plus d'un siècle, semble avoir tenu beaucoup plus à la dresser comme un arc de triomphe en l'honneur de son maître Charles III, qu'à la rendre utile au passage des voyageurs. Les deux rampes d'accès sont très-escarpées et se recourbent brusquement à angle droit de chaque côté du pont, de sorte que les chevaux ne peuvent, sans une grande fatigue, escalader le monument. Mais en revanche, le pont est décoré de bas-reliefs allégoriques et chargé d'inscriptions qui célèbrent en un langage pompeux la grandeur de l'Espagne et la majesté de son roi. D'après le proverbe, ce pont qui ne sert pas serait pourtant la seule construction de ce genre qui vaille la peine d'être citée dans l'île : « *Un monte, un fonte, un ponte.* » L'Etna, la fontaine d'Aréthuse, le pont du San Leonardo, telles sont les trois merveilles de la Sicile.

L'importante ville de Termini, où l'on monte après avoir traversé le torrent, est située sur une haute ter-

La Favorita. — Dessin de H. Clerget d'après une photographie de MM. Sommer et Behles.

rasse coupée à pic du côté de la mer et reliée par un isthme verdoyant à la superbe montagne de San Calogero. Sur le bord de la Méditerranée, si riche pourtant en paysages magnifiques, il n'en est peut-être pas un seul qui dépasse en grâce et en majesté celui de Termini, si bien nommée *la splendidissima*. Le mont San Calogero, comparable à un cône volcanique par la pureté de ses formes, s'élève d'un jet du rivage de la mer jusqu'à 800 mètres de hauteur et se termine par une crête en dents de scie qui ressemble au rebord d'un cratère ébréché. Chacune des indentations est l'origine d'un profond ravin où s'écroulent en hiver les avalanches de neige, où se précipitent pendant les autres saisons les averses de pluie et les débris entraînés. Toute la montagne est ainsi rayée de sillons blanchâtres disposés en forme d'éventail, et séparés les uns les autres par des contre-forts herbeux ; mais sur les pentes inférieures du mont tous les plis et les replis du sol sont

uniformément cachés par l'épaisse végétation des oliviers.

Une charmante baie, qui sert de port à des centaines de barques et à quelques grands navires, développe sa gracieuse rondeur entre la terrasse de Termini et la base du San Calogero ; tout autour de ce golfe, la ville s'épanche sur les escarpements comme un éboulis de pierres et de tuiles. Jadis, pour mieux jouir de la vue ravissante de la mer et des monts, les Grecs avaient construit sur la terrasse un théâtre dont on s'occupe maintenant d'exhumer les ruines. Moins soucieux des jouissances de l'art, les Bourbons élevèrent une forteresse à l'extrémité du promontoire ; mais en 1860, lors de la prise de Palerme par les garibaldiens, la population de Termini s'insurgea et démolit les murailles qui menaçaient la ville. Ce qui reste des forts ne sert qu'à former un détail pittoresque dans l'ensemble du paysage.

Dans la partie inférieure de la cité, non loin de la

Le Monte Pellegrino. — Dessin de H. Clerget d'après une photographie de MM. Sommer et Behles

plage, jaillissent les eaux chaudes auxquelles l'antique colonie grecque de Thermæ devait son nom, graduellement corrompu en Termini. Là, dit la légende, s'arrêta jadis le divin Hercule. Fatigué d'avoir chassé devant lui les bœufs du Soleil, il vint redemander la souplesse de ses membres aux nymphes de la fontaine et sortit de son bain tout rajeuni. On le voit, quand les médecins et les industriels de Termini s'occuperont de « faire de la réclame » pour leurs eaux thermales, ils pourront dater d'assez loin l'histoire des sources miraculeuses. Parmi tant de villes d'eaux qui font retentir dans toutes les trompettes les noms des grands personnages de contrebande ou de bon aloi qui les ont visitées, en est-il une seule qui puisse se vanter comme Termini d'avoir rendu la force au fils de Jupiter, et d'avoir été célébrée dans les odes de Pindare? D'ailleurs, depuis trois mille ans, les sources d'Hercule n'ont rien perdu de leurs vertus, et les habitants s'en apercevront bien lorsqu'ils auront eu l'intelligence de rebâtir la masure des thermes, de nettoyer leurs rues, de remplacer leurs sales auberges par des maisons décentes. Alors les étrangers, qui n'osent aujourd'hui se hasarder à Termini de peur de s'y faire dévorer par la vermine, apprendront le chemin d'une cité que sa position rend belle entre les belles, et qui, par ses sources thermales, dispose de si puissants moyens de guérison.

Au delà de Termini, la route du littoral suit la base du monte San Calogero, puis traverse un large torrent dont le chemin de fer de Palerme à Catane empruntera bientôt la vallée. Ce torrent est le Fiume Torto. La voiture le traverse à gué, tandis que les voyageurs se hasardent sur un pont d'une dizaine d'arches qui n'est pas complétement terminé. Bientôt nous voyons à droite de la route un vaste plateau à la surface plane, et aux pentes régulièrement escarpées comme des talus de fortifications. Il n'existe pas une maison sur cette terrasse si bien disposée pour recevoir une cité ; mais c'est là que se trouvait autrefois la grande ville grecque d'Himera. A la base du plateau, les Grecs de la Sicile remportèrent une victoire décisive sur une grande armée de Carthaginois, le jour même où les Athéniens détruisaient la flotte des Perses à Salamine. C'est là, sur la plage, que les vaisseaux de Carthage furent livrés aux flammes, et que périt Hamilcar; mais c'est également là que, soixante-douze ans plus tard, le terrible Annibal, après avoir renversé la ville, mit à mort trois mille guerriers d'Himera et présenta leur sang aux mânes de son aïeul. Actuellement il ne reste plus un seul débris de l'antique cité. Les pierres même en ont disparu.

Si la grande ville grecque a cessé d'exister, en revanche le simple château de Kephalodion s'entoura de maisons, prit graduellement de l'importance, et finit par devenir, sous le nom de Cefalù, la localité la plus peuplée de la côte entre Termini et Barcelonna. Le promontoire auquel la ville doit son nom grec (Kephalè) est, par sa forme, le point le plus remarquable du littoral. C'est un énorme rocher dont le pourtour extérieur, tourné vers la mer, est coupé verticalement. Ses hautes parois jaunâtres, çà et là rayées de noir, semblent suspendues au-dessus des maisons, qui se serrent les unes contre les autres sur un étroit talus de débris à la base du promontoire. Vue de la place de la cathédrale, l'arête du précipice, qui se détache sur le ciel bleu à plus de 100 mètres d'élévation, apparaît comme le haut d'un fort gigantesque, et ce qui accroît encore l'illusion, c'est que les créneaux d'une muraille élevée de main d'homme festonnent toute la circonférence du rocher. La nuit, ces découpures entrevues au milieu des étoiles produisent l'effet d'un rêve de magie.

Du temps des Romains et des Maures, la ville occupait une partie de cet espace montueux que l'abîme limite de toutes parts, et le mur qui suit le bord du précipice devait alors servir de garde-fou pour les habitants eux-mêmes, bien plutôt que d'enceinte utile pour la défense. Bien que la haute ville et la citadelle soient abandonnées depuis des siècles, cependant la muraille circulaire est encore intacte dans toute son étendue, et si les citoyens de Cefalù étaient menacés de quelque invasion, ils pourraient, comme jadis, se réfugier dans leur inexpugnable forteresse. Le seul chemin par lequel on puisse pénétrer dans l'antique Kephalodion est un sentier des plus roides qui serpente en lacets dans une faille du précipice. La porte de l'ancien pont-levis est encore régulièrement fermée toutes les nuits, non par des hommes d'armes, mais par un berger qui veut empêcher ses brebis de s'écarter des pâtis du sommet.

Les ruines de la citadelle, qui couronnent la pyramide centrale du promontoire, n'offrent rien de curieux par elles-mêmes et ne vaudraient pas la peine d'une ascension si, du haut des murailles croulantes, on ne voyait se dérouler une vue comparable en beauté à celle du Monte-Pellegrino. Quant à l'ancienne ville, qui s'étendait au pied de la citadelle sur les pentes supérieures du rocher, et jusqu'au bord vertigineux du précipice, il n'en reste rien que des briques, des matériaux épars, et un simple petit monument quadrangulaire de 15 mètres de longueur, à demi caché par les ronces, les orties et la nappe ondoyante d'un champ de blé. Ce débris sans apparence est pourtant, par son ancienneté, l'édifice le plus vénérable de toute la Sicile. Les murs sont formés de gros blocs juxtaposés, suivant le style cyclopéen, et la porte d'entrée, ouverte du côté méridional, est encadrée par deux lourds pilastres doriques. A la vue de cette ruine de trente siècles, on assiste pour ainsi dire à la naissance de l'architecture grecque. Dans l'intérieur, se trouve une chambre voûtée en briques romaines ; enfin l'extrémité occidentale du bâtiment est surmontée des restes d'une chapelle chrétienne, que les intempéries auront bientôt réduits en poussière. Lorsque toutes ces additions, relativement modernes, auront disparu, les murs cyclopéens résisteront encore pendant des siècles.

Moins superbement située que l'ancien temple des Pélasges, la cathédrale de Cefalù est construite dans la ville basse, au pied de la muraille perpendiculaire du promontoire. C'est une grande église décorée de mosaïques byzantines, comme le dôme de Monreale et la chapelle Palatine; mais un grand nombre de ces œuvres d'art sont dans un état de délabrement avancé, et les restaurations qu'on leur fait subir maintenant ne semblent pas être de nature à leur rendre leur beauté première. Du reste, la municipalité de Cefalù est très-fière de sa cathédrale, et ne permet pas que les habitants en fassent une espèce de marché public, semblable à la plupart des églises de cette partie de la Sicile. D'ordinaire, les prédicateurs ont beau haranguer leurs fidèles, cela n'empêche pas les gens d'aller et de venir dans la nef en causant de leurs affaires, tandis que les gamins grimpent aux bénitiers, ou se poursuivent en glapissant derrière les colonnades.

La route du littoral n'étant pas encore entièrement terminée au delà de Cefalù, j'étais obligé, pour gagner Milazzo, d'attendre le bateau à vapeur pendant huit jours, ou de continuer mon chemin à dos de mulet. Je m'arrêtai forcément à ce dernier parti, et dès l'aube de la matinée suivante, un indigène vint faire piaffer une monture devant ma porte. Je me juchai sur un large bât qui m'obligeait à prendre l'attitude d'un Bouddha chinois; mon guide fit le signe de la croix, attacha au cou du mulet un sachet bénit, renfermant une image de la *Santissima Maria Addolorata*, et d'un coup de langue donna le signal du départ. L'air était encore vif, et ce n'est pas sans une grande satisfaction corporelle que je sentis les rayons du soleil levant pénétrer l'atmosphère et la réchauffer peu à peu. Mon guide était dispos d'intelligence, et comprenait mes questions à demi-mot. Ma bête ne se heurtait pas contre les pierres du chemin; le paysage était splendide et variait incessamment d'étendue, suivant que je contournais une baie ou que j'escaladais un promontoire. Il me semblait que mon voyage ne pouvait s'accomplir d'une manière plus agréable.

Toutefois le soleil se levait graduellement sur l'horizon. En même temps, une brume de couleur grisâtre emplissait les couches inférieures de l'atmosphère et rampait à la surface de l'eau. Quand nous marchions sur le bord de la plage, les deux îles éoliennes de Felicudi et d'Alicudi nous étaient cachées par les vapeurs, puis, quand nous montions sur quelque promontoire, la mer, à son tour, n'apparaissait que vaguement à travers le voile de brume, et vers le nord nous voyions de nouveau se dresser, hors du nuage, les deux pyramides volcaniques. La chaleur devenait de plus en plus forte, et pas un souffle ne s'agitait dans l'air. De même, la mer était sans mouvement et les eaux troubles qu'avaient apportées les rivières, surnageaient au-dessus de l'eau marine jusqu'à plusieurs kilomètres de distance. J'étais descendu de ma monture, dont le bât était devenu brûlant, et je marchais péniblement à travers les cailloux de la grève ou dans les larges champs de pierres des embouchures de torrents. Mon guide lançait de temps en temps quelque imprécation contre le *scirocco*, et moi je regardais avec amour les coulées de neige et les forêts ombreuses des Monts-Madonia.

Enfin nous arrivâmes à Santo Stefano, terme de notre voyage de la journée, et pour comble de jouissance je pus me reposer dans une auberge qui est l'une des merveilles de la Sicile, car on y trouve un hôte prévenant, de l'eau fraîche, un bon repas, une chambre propre, un lit inhabité. Santo Stefano est un bourg d'apparence vulgaire, mais très-industrieux et grandissant rapidement en population; nul doute qu'il ne devienne une ville importante lorsqu'il sera rattaché au reste de la Sicile par des routes carrossables. Jadis Santo Stefano était situé au milieu des forêts sur un sommet abrupt des montagnes, mais fatigués d'être perchés si haut, les habitants sont venus, les uns après les autres, s'établir près du rivage. Chose curieuse et qui prouve combien les sociétés se sont profondément modifiées, même dans les contrées les moins civilisées de l'Europe, toutes les villes de cette partie du littoral sicilien sont descendues de hautes cimes escarpées pour aller s'établir à proximité de la plage. Autrefois, le soin primordial était celui de la défense : chaque cité se plaçait au sommet d'un pic isolé, s'entourait de murailles et se hérissait de tours. Dans les temps modernes, le premier besoin est celui du travail : aussi les habitants abandonnent-ils successivement leurs aires d'aigle et vont-ils se loger au bord de la mer ou sur les routes qui passent dans la plaine. Semblables à ces animaux marins qui délaissent une coquille devenue trop incommode, ils sortent de leurs pittoresques donjons et se bâtissent des demeures, moins belles comme détail du paysage, mais beaucoup plus saines et plus confortables. Sur toute cette côte, chaque *Marina* s'agrandit aux dépens du *Borgo*, et l'ancienne ville finit par devenir une ruine superbe, se dressant comme un amas de rochers sur la crête des monts. Quels beaux motifs de tableaux que toutes ces antiques cités en partie abandonnées : Pollina, Caronia, San Fratello! Les sentiers qui mènent à ces forteresses naturelles sont tellement escarpés, que le rapace proconsul Verrès n'osait même pas s'y faire porter en litière, et qu'il attendait sur la plage le retour des ambassadeurs chargés de dépouiller de leurs vases et de leurs statues les temples et les palais de ces villes. Actuellement c'est dans les retraites difficilement accessibles des montagnes environnantes que se sont cantonnés les brigands. Lors de mon passage, tous les chemins qui s'élèvent de la plage vers les hauteurs étaient occupés par des détachements de soldats.

Quelques heures de cavalcade pendant la matinée me suffirent pour accomplir le trajet de Santo Stefano à Santa Agata, petite ville où recommence la route de voitures. On se sent vraiment étonné en retrouvant une voie carrossable, car les chemins sont rares en Sicile, et la partie du littoral qui se prolonge à l'ouest de Santa Agata est une des plus accidentées. Les promontoires y sont escarpés et nombreux, les ravins s'y creusent à de grandes profondeurs, et les lits des torrents, qui s'ouvrent à des intervalles très-rapprochés, sont larges et semés de blocs de pierre. Presque aussitôt après être sorti de Santa Agata, il faut franchir une de ces *fiumare*, vaste champ de débris roulés, auquel des touffes de myrtes, des lauriers-roses et d'autres arbustes croissant çà et là parmi les cailloux, ont valu le nom gracieux de Rosa-Marina. A trois kilomètres plus loin, on traverse un autre *ouady*, dont la vallée pierreuse contraste singulièrement avec des pentes couvertes d'une végétation des plus touffues, puis on commence à gravir la longue rampe du cap d'Orlando. Au-dessus de la route, les escarpements portent sur chacune de leurs terrasses des maisons entourées d'arbres; en bas s'étend parallèlement au rivage une plaine admirablement cultivée où se montrent, comme dans les pays du Nord, de beaux massifs de peupliers et de trembles. Au loin, dans la mer, s'avance un grand rocher couronné de ruines d'un château et d'une église moderne d'où l'on peut voir, par un beau jour, un immense horizon, de Palerme jusqu'aux Apennins de la Calabre.

A chaque contour du littoral le paysage offre un trait nouveau. Voici la vieille cité de Naso qui se dresse au sommet d'une montagne; voici le village de Brolo, avec son château ruiné; plus loin se montre un promontoire de marbre blanc portant une tour de défense; puis on arrive à la base des rochers de granit rouge du cap Celavà, que la route traverse en tunnel. De tous ces sites enchanteurs, l'un des plus beaux est celui qu'occupait la ville grecque de Tyndare. Le plateau de granit qui portait cette ancienne colonie des Messéniens s'élève à la hauteur de plus de deux cents mètres au-dessus de la mer, et se termine par d'abruptes falaises plongeant dans les vagues. De même qu'en d'autres villes antiques

Pont de San Leonardo. — Dessin de H. Clerget d'après un croquis de M. E. Reclus.

de la Sicile, Termini, Taormine, Syracuse, le théâtre, qui semble de construction romaine et qui remplaça sans doute un édifice plus ancien, était bâti sur la partie de la déclivité d'où l'on jouit de la vue la plus grandiose. De chaque côté se recourbe un golfe semi-circulaire qu'entourent de longues pentes revêtues d'oliviers. A gauche, les masses rougeâtres du cap Celavà limitent l'horizon, à droite se projette au loin dans la mer l'étroite langue de terre de Milazzo. En face les cônes brûlés de Volcano, très-rapprochés en apparence, jaillissent de la nappe bleue de la Méditerranée, et plus loin se succèdent sur le demi-cercle de l'horizon les pyramides vaporeuses des autres îles Éoliennes jusqu'à Stromboli. A l'est on voit se dessiner la ligne bleuâtre des Apennins d'Italie, tandis qu'au sud se dresse la chaine des Monts Neptuniens, et que la cime neigeuse de l'Etna regarde par-dessus cette première rangée de montagnes crénelée de villes et de villages.

La cité de Tyndare n'existe plus; mais le district environnant est toujours l'un des plus fertiles, des mieux cultivés et des plus riches en population de toute la Sicile. Sans compter des bourgs nombreux, trois villes importantes, Patti, Barcelonna, Milazzo sont groupées dans un espace de moins de trente kilomètres, et l'étroite lisière du littoral fournit en abondance le froment, les olives, les oranges et les autres produits du sol nécessaires à la subsistance des habitants. De ces trois villes, la plus populeuse est Barcelonna, mais la plus connue est Milazzo, l'ancienne colonie grecque de *Mylæ*.

Élisée RECLUS.

(La suite à la prochaine livraison.)

Vue de Messine. — Dessin de H. Clerget d'après une photographie de MM. Sommer et Behles.

LA SICILE ET L'ÉRUPTION DE L'ETNA EN 1865.

RÉCIT DE VOYAGE PAR M. ÉLISÉE RECLUS[1].

TEXTE ET DESSINS INÉDITS.

LES ILES ÉOLIENNES.

La péninsule et la ville de Milazzo. — Traversée nocturne de Milazzo à Volcano. — Cratères et fumerolles. — Le brigand de la Calabre. La ville de Lipari. — Le Monte Bianco. — Stromboli.

La péninsule de Milazzo était sans aucun doute, à une époque géologique antérieure, détachée de la Sicile. C'est un rempart de granit qui se prolonge perpendiculairement à la côte et dont l'extrémité septentrionale se recourbe légèrement vers l'ouest. Cette muraille, projetée à dix kilomètres en pleine mer, offre une hauteur à peu près uniforme dans toute son étendue ; seulement trois monticules, situés l'un au centre, les deux autres aux extrémités de la péninsule, rompent la ligne horizontale que dessine l'arête supérieure du plateau. De ces trois buttes disposées régulièrement sur la longueur de la presqu'île, l'une, celle du midi, est enfermée dans les murs de la citadelle de Milazzo ; l'autre, qui se dresse à l'extrémité du cap, est couronnée d'un phare de premier ordre ; la principale, qui s'élève au milieu, était jadis consacrée à Vénus et porte maintenant une petite chapelle dédiée au Saint-Esprit. Sur tout son pourtour la péninsule est coupée de falaises, dont quelques-unes, surplombant les vagues de la mer, sont percées de cavernes profondes. Une de ces grottes traverse, dit-on, le rocher de part en part en un endroit où il n'a pas moins d'un kilomètre de largeur, une autre, qui s'ouvre au-dessous de la citadelle, ne serait rien moins que l'étable où, du temps d'Ulysse et de ses compagnons, les bœufs du Soleil se retiraient pendant les nuits. On l'appelle grotte d'Ulysse ou grotte de Polyphème. Les légendes commencent à se brouiller dans l'imagination populaire.

Jusqu'au moyen âge, la ville de Milazzo se trouvait sur la partie élevée de la péninsule, mais comme toutes les cités voisines, elle descendit par degrés du haut de son rocher et finit par s'établir dans l'isthme bas et sablonneux qui rejoint l'ancienne île à la terre ferme. Du reste, on n'a pas découvert le moindre débris de l'antiquité grecque sur l'emplacement occupé autrefois par Mylæ, et bientôt ce site prendra un aspect des plus

1. Suite. — Voy. page 353.

modernes, grâce aux villas de toute sorte qu'y font construire des bourgeois retirés des affaires. Parmi ces maisons de plaisance, il en est de gracieuses qui ne déparent point les magnifiques paysages de la péninsule; mais il en est aussi de grotesques et de prétentieuses auxquelles un artiste mettrait volontiers le feu. Une de ces villas, que décorent des vases japonais et des têtes de lions en faïence, porte sur sa façade le célèbre vers de Virgile incrusté en grandes lettres d'or :

« .... Nimium fortunatos sua si bona norint.... »

Le digne propriétaire tenait sans doute à mettre le public lettré dans la confidence de son amour éclairé de la nature.

La ville moderne est sale et vulgaire; mais au moins y voit-on, chose rare en Sicile, le spectacle d'une certaine activité commerciale. L'exportation des huiles et des vins du pays donne lieu à un assez grand mouvement d'affaires et plusieurs bricks sont toujours en chargement. Pendant les gros temps, le port de Milazzo est le principal asile de tous les navires qui n'osent pas entrer dans l'espèce d'entonnoir formé par le canal de Messine, et l'on voit alors jusqu'à cent cinquante et deux cents bâtiments en dedans du brise-lames. Actuellement on s'occupe de prolonger cette digue à une grande distance en mer et à transformer ainsi le port de Milazzo en un havre de refuge capable d'abriter des flottes entières. L'exécution de ce projet donnera un rôle maritime très-sérieux à Milazzo, qui jusqu'à nos jours devait son importance presque uniquement à sa position stratégique sur le littoral. Depuis la victoire de Duilius sur les Carthaginois, victoire qui nous a valu ces ridicules colonnes rostrales imitées dans les villes du monde entier, combien de batailles navales et terrestres ont été livrées près de Milazzo pour la possession de la Sicile !

Le dernier haut fait militaire accompli sous les murs de Milazzo est, on le sait, la victoire que remportèrent les garibaldiens en juillet 1860 sur les troupes du général Bosco. Ce fut la bataille la plus chaudement disputée de toute la campagne. Les Napolitains commandaient le passage de l'isthme par leurs canons, et c'est à l'assaut que les volontaires durent emporter les batteries. Garibaldi perdit sept cent cinquante hommes, près du cinquième de ses forces, à cette attaque désespérée; mais il réussit pourtant à s'emparer des pièces d'artillerie. Maître de cette première position, il put alors rappeler ses combattants pour leur faire reprendre haleine, lava lui-même sa chemise rouge dans le ruisseau, puis, quand elle fut sèche, donna le signal de l'assaut contre la ville. Maison après maison, Milazzo fut emportée, et les soldats napolitains furent obligés de s'enfermer dans la citadelle, qu'ils rendirent quatre jours après.

C'est de Milazzo que les voyageurs partent le plus souvent pour aller visiter Volcano et Lipari, les deux îles du groupe Éolien les plus considérables en étendue. Je me rendis sur le port afin de passer en revue, non

les embarcations, mais les bateliers eux-mêmes. Un grand nombre, qui sans doute étaient « au demeurant les meilleurs fils du monde, » avaient des figures assez déplaisantes, et je ne me laissai point séduire par leurs offres de service. A la fin, j'avisai un robuste vieillard à cheveux blancs, dont la physionomie douce et intelligente me plut beaucoup. En quelques instants le marché fut conclu. Le vieux pêcheur se fit prêter un canot plus commode et plus sûr que sa barque à demi pourrie, puis alla faire les achats de provisions nécessaires pour le voyage. En moins d'une heure, tous les préparatifs étaient terminés : don Gaetano me présenta son compagnon rameur, pauvre sourd-muet qui s'éprit aussitôt d'une grande amitié pour moi et me la témoigna bruyamment par ses cris, puis je m'installai dans le canot et l'on dénoua la corde qui nous retenait au quai de Milazzo.

Lorsque nous partîmes, le soleil allait se coucher de l'autre côté du promontoire, et ses rayons brillaient à travers les cimes des oliviers. Une heure après, le cap était doublé et nous entrions en pleine mer, dirigeant la proue de notre barque vers la fournaise écarlate où venait de disparaître le soleil. La mer était si peu agitée que le patron n'avait pas craint de confier la barre du gouvernail à mes mains novices; tout autour de nous les lueurs de l'atmosphère se reflétaient dans le miroir poli des eaux comme dans un autre ciel. Graduellement les splendeurs du crépuscule perdirent de leur éclat, le rouge vif, puis le jaune firent place à un reflet blanchâtre, et celui-ci finit par s'évanouir lui-même. Derrière nous, les falaises du promontoire de Milazzo s'effaçaient peu à peu dans l'obscurité. A l'occident, le brouillard qui me révélait auparavant l'île lointaine de Volcano s'était confondu avec les ténèbres de l'espace; pour tenir d'une main ferme le gouvernail, je devais fixer les yeux sur la plus grande étoile d'Orion, que la voile en se penchant, puis en se redressant avec la barque, cachait et découvrait tour à tour. Plus tard, la lune, se levant derrière les montagnes de la Calabre, vint aussi voyager de conserve avec nous et déroula dans le sillage du bateau son immense nappe de rayons argentés. Des méduses, qu'on eût dit en feu, passaient en longues processions, tourbillonnaient un instant sous l'effort de la rame, puis allaient se perdre à l'arrière dans le brasillement des flots éclairés par la lune. Ah! dans ces belles nuits de la Méditerranée, qu'il est doux de mettre ses pensées à l'unisson de la nature et de rêver aux choses qui, seules, donnent quelque valeur à notre passage dans la vie, la pratique de la justice et l'amour de la liberté !

La traversée dura sept ou huit heures. Aussi finis-je par m'endormir. Le sourd-muet prit ma place à la barre, tandis que le patron étendait une voile au-dessus du bateau pour me garantir de la rosée pernicieuse des nuits. Lorsque la barque talonna sur la grève de Volcano, je me réveillai brusquement et me dressai pour regarder autour de moi à travers cette demi-obscurité de la nuit qui s'efface. Ma première impression, à l'aspect de l'énorme scorie qui constitue l'île entière, fut celle de l'effroi. De Tyndare et du cap Celavà, j'avais déjà vu combien est désolé le versant méridional de Volcano ; toutefois, cette partie de l'île offre, çà et là, sur ses pentes rougeâtres, quelques nuances de vert dues aux plants de vignes et d'oliviers : on y voit même briller comme des points blancs trois ou quatre maisonnettes qu'habitent des cultivateurs venus de Lipari. La partie orientale de l'île, où s'ouvre le petit port dans lequel nous venions d'entrer, n'offre au contraire que l'image de la mort. Aucune trace de végétation ne se montre sur les escarpements décharnés : on croirait voir une de ces régions lunaires où le télescope ne découvre que bouches volcaniques, fissures du sol, obélisques de laves. La plupart des roches sont noires ou d'un brun rouge comme le fer, cependant il en est aussi d'écarlates, de jaunes, de blanchâtres et presque toutes les couleurs sont représentées dans ce cirque de l'enfer, à l'exception de celle que donne la verdure. Là tout est laves ou scories, comme au jour où la masse bouillonnante jaillit de la profondeur des mers. A gauche se dresse un grand cône volcanique, encastré dans un vaste cratère ébréché ; à droite s'élève une autre montagne d'éruption, le Volcanello ; le port même dans lequel se balance la barque est un ancien cratère sous-marin.

Bientôt après mon arrivée dans l'île, un homme sortit d'une grotte creusée à la base du Volcanello et vint à ma rencontre. C'était le *cicerone* du volcan. Il me salua, puis, sans mot dire, prit le chemin du grand cratère et marcha rapidement devant moi. Le sentier traverse d'abord une petite plaine formée de tous les débris que les eaux entraînent des hauteurs environnantes et déposent sur le pourtour de la baie, puis il se développe sur les pentes escarpées du volcan, coupées çà et là de larges ravines. La terre que l'on foule résonne sous les pas comme la voûte d'une cave. Vers les deux tiers de la hauteur, quelques lézardes laissent jaillir des fumerolles, et des cristallisations de soufre semblables à des plaques de lichen recouvrent les talus. Des vapeurs, blanches le jour, colorées en rouge pendant les nuits, flottent au-dessus de la montagne, et suivant l'état de l'atmosphère et l'intensité des forces volcaniques, s'amassent en nuages épais à la bouche du cratère ou bien apparaissent un instant en légers brouillards et se fondent dans le bleu du ciel. Les habitants de Lipari considèrent les nuées du Volcano comme un baromètre sûr. Tel vent doit souffler lorsque les masses blanchâtres s'étagent en lourdes assises ou s'épandent en brumes sur toute la montagne ; tel autre courant atmosphérique doit prévaloir quand on n'aperçoit pas de loin la *calotte* du volcan. Il y a sans doute dans ces pronostics, dont ont parlé tous les auteurs anciens depuis Polybe, un fond sérieux de réalité, puisque ces prédictions sont formulées d'après l'expérience séculaire des marins lipariotes ; toutefois Spallanzani et d'autres savants n'ont pu réussir à confirmer la tradition par des observations directes.

Lors de ma visite, des tourbillons de vapeur emplis-

saient le cratère. Cette immense cuve, la plus grande de toutes celles qu'offrent les volcans de l'Europe méridionale, n'a pas moins de deux kilomètres de circonférence sur le pourtour supérieur, et ses parois méridionales se dressent à près de trois cents mètres de haut : le fond de l'abîme peut avoir environ cent mètres de large. A travers le brouillard qui s'élève de cette chaudière, on aperçoit les escarpements rouges comme le cinabre, ou jaunes comme l'or, que rayent çà et là les couleurs les plus diverses des substances sublimées dans ce grand laboratoire. Sur les talus qui s'inclinent vers le fond du gouffre les pierres croulantes cèdent sous les pas, et cependant il faut descendre en courant, car en certains endroits le sol caverneux est brûlant comme la voûte d'un four. Des fumées rampent sur les pentes. L'air est saturé de gaz où domine une odeur sulfureuse difficile à respirer. Un bruit incessant de soupirs et de sifflements emplit l'enceinte, et de tous les côtés on voit entre les pierres de petits orifices d'où s'élancent en tourbillonnant les jets de vapeur. Là, quelques ouvriers, accoutumés à vivre dans le feu comme les salamandres légendaires, vont recueillir les stalactites de soufre doré qui craquent encore dans la main par l'effet de la chaleur, et les fines aiguilles de l'acide borique, aussi blanches que le duvet de cygne.

Parfois, les pluies qui s'abattent dans le cirque y forment un lac temporaire, mais une grande partie de l'eau s'échappe à travers les fissures du sol et s'écoule en torrent sur les pentes extérieures, tandis que le reste est rapidement vaporisé par le brasier de la montagne. Quelques-unes des fumerolles, dont les gaz ont été récemment analysés par M. Fouqué, ont une température supérieure à 360 degrés. D'autres jets moins chauds se font jour en diverses parties de l'île et même jusque dans les eaux de la baie. Des bords du grand cratère, on aperçoit à la base des talus ces vapeurs qui montent du fond de la mer et se développent en larges volutes blanchâtres semblables d'aspect à des boues argileuses. En certains endroits, la température de l'eau marine chauffée par ces gaz est assez élevée pour que les touristes anglais puissent se donner la puérile satisfaction de faire cuire des œufs dans « la grande tasse. »

Bien que Volcano ait une superficie de cinquante kilomètres carrés, elle n'a pour toute population permanente que six ou sept ouvriers chargés de recueillir le soufre et l'acide borique du cratère et de fabriquer en outre un peu d'alun. L'usine est un misérable hangar dont la couleur se confond avec celle des roches environnantes ; quant aux ouvriers, véritables troglodytes revêtus de vêtements sordides auxquels la poussière de lave donne la nuance de la rouille, ils ont pour demeures des cavernes ouvertes dans les flancs rougeâtres du Volcanello. Quelques-uns ont essayé de planter des légumes dans la plaine de cendres et de scories qui s'étend entre les deux cônes principaux ; mais toutes les cultures ont dépéri, et des plantations d'arbres fruitiers il ne reste plus que deux ou trois figuiers pareils à des fagots de bois mort. Toutes les provisions nécessaires à l'atelier sont portées chaque semaine de Lipari, et si par malheur la barque manquait un seul de ses voyages, la population de Volcano tout entière serait condamnée à mourir de faim.

On comprend que cette existence n'offre rien de bien désirable, même sous le beau ciel de la Méditerranée; aussi tous les ouvriers ont-ils l'air triste et souffreteux. On m'avait dit à Milazzo que ces hommes étaient d'anciens brigands déportés de la Calabre; pour mieux m'en assurer, je posai la question à mon guide que je prenais pour un préposé libre. Le jeune homme pâlit, puis, jetant un long regard vers les Apennins bleuâtres qui se montraient au delà du golfe, il me répondit en soupirant : « Oui, cela est vrai. » Lui-même était un de ces bannis, et sa figure morne révélait la profondeur de son chagrin. Quel terrible lieu d'exil, que cette rouge scorie volcanique!

L'île de Lipari est très-rapprochée de Volcano, le

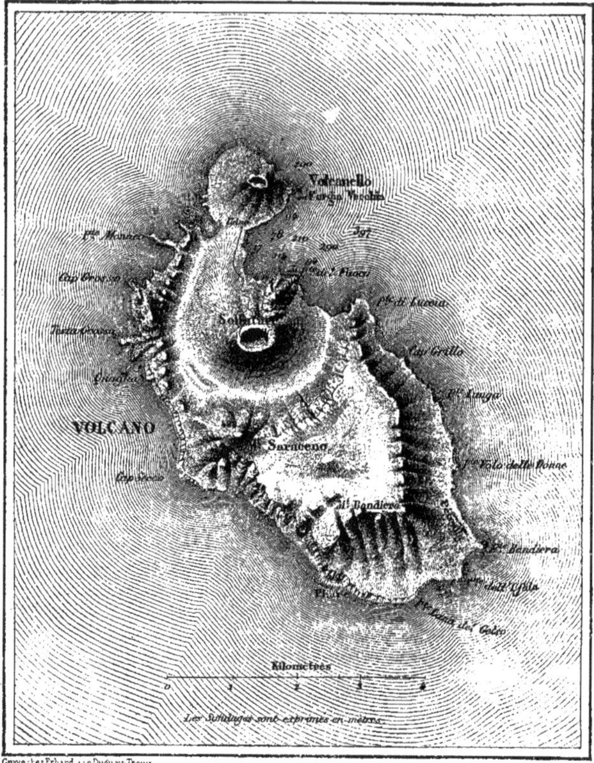

Plan de Volcano d'après la carte de la marine, dressée par M. Daroudeau.

canal qui les sépare n'ayant pas dans sa partie la plus étroite plus d'un kilomètre de largeur. Deux roches en forme d'obélisque se dressent au milieu du détroit, de sorte qu'un bon nageur pourrait facilement se rendre d'une île à l'autre en se reposant à moitié route. Il est vrai que si les requins fréquentent la mer Éolienne, comme l'affirment les marins lipariotes, le hardi baigneur risquerait d'être happé au passage. Aussi, je me gardais bien de me précipiter dans l'eau fraîche et bleue qui m'invitait si gracieusement par ses petits remous, son clapotis harmonieux et la douce ondulation de ses flots. J'attendis prudemment pour faire mon plongeon que le bateau fût entré dans une baie de Lipari, sous les falaises surplombantes du mont Capiscello.

Le contraste est grand entre l'amas de scories qui constitue Volcano et le versant oriental de l'île de Lipari. Ici une ville considérable s'élève en un double amphithéâtre sur les deux pentes d'un promontoire que couronne un vieux château. Le port est rempli d'embarcations de petit tonnage. Une plaine très-bien cultivée

L'île de Lipari. — Dessin de H. Clerget d'après une photographie de M. Paul Berthier.

en oliviers, en orangers, en vignes, qui donnent d'excellents produits, s'étend autour de la ville ; les pentes des montagnes environnantes sont elles-mêmes couvertes de champs jusqu'au voisinage du sommet. Une population active de matelots et de marchands s'agite sur le port ; un grand nombre de bourgeois à la mine heureuse et placide se promènent dans les rues de la ville. Il est vrai que parmi ces derniers se mêlent plusieurs brigands de la Calabre auxquels le gouvernement a donné l'île de Lipari pour prison et qui vivent paisiblement de leurs petites rentes. On m'a dit qu'il n'y a point d'exemple que les bannis aient abusé de leur demi-liberté.

Lipari est une terre promise pour les géologues et les minéralogistes. Comme les îles voisines, elle a des volcans, des cratères, des laves d'espèces diverses, et de plus, elle présente en masses très-considérables certaines formations beaucoup plus rares dans le reste de l'archipel. Le mont della Castagna est en entier composé d'obsidienne ; une autre colline élevée, le Monte ou Campo Bianco, est composée de pierres ponces qui de loin ressemblent à des champs de neige. De longues coulées blanches, pareilles à des avalanches, remplissent toutes les ravines, du sommet de la montagne au rivage de la Méditerranée ; le moindre mouvement, causé par le pied d'un animal ou par le souffle du vent, détache de la surface du talus des centaines de pierres qui s'écroulent en bondissant jusqu'au bas de la pente et sont emportées au loin par le flot qui baigne le pied du volcan. Dans le voisinage de l'île, les eaux sont parfois couvertes de ces pierres flottantes qui ressemblent à des flocons d'écume.

Lipari a bien d'autres merveilles, sans compter la grotte de Molini, où, suivant une ancienne tradition, le diable se réfugia dans le vain espoir d'échapper au glaive de san Calogero, et d'où il s'enfuit de nouveau pour aller plonger dans le cratère de Volcano, qui est la grande porte de l'enfer. A ses diverses curiosités naturelles, Lipari ajoute le privilége d'être la mieux située pour les curieux qui veulent du haut de quelque cime se faire une idée de la distribution de toutes les îles Éoliennes. En effet, Lipari est le centre d'étoilement de trois rangées volcaniques : l'une se dirige au sud vers Volcano ; l'autre à l'ouest vers Alicudi, par Salina et Filicudi ; la troisième au nord-est, vers Stromboli, le grand phare de la Méditerranée. Je n'ai pas eu la joie de gravir ce dernier volcan ; mais je n'oublierai jamais la grande impression que j'éprouvai d'en bas à l'aspect de cette pyramide fumante. A sa forme superbe, on comprend que ses racines plongent dans la mer à des profondeurs énormes ; on voit, pour ainsi dire, les talus de débris se continuer sous les eaux jusque dans les abîmes de mille mètres que la sonde a révélés au fond de la mer Éolienne. En contemplant Stromboli, ceux qui naviguent à la base de ce pic se sentent presque suspendus au milieu du vide, comme si l'embarcation qui les porte voguait dans l'air à mi-hauteur de la montagne.

.... Notre voyage de retour à Milazzo ne fut pas troublé par le moindre accident ; seulement à la hauteur du cap, les vagues brisaient avec tant de force qu'il fallut, pour le salut commun, me destituer de mon rôle de pilote et me reléguer honteusement au fond du bateau.

MESSINE.

L'octroi de Messine. — La Scala. — Vue de Messine et du détroit. Fêtes de Messine. — La Barra. — Bombardements et tremblements de terre. — Importance commerciale de Messine. — Le détroit du Phare. — Groupe de Charybde et de Scylla. — Ignorance et misère. — Les méduses du port.

La route de Milazzo à Messine longe d'abord le littoral à travers des forêts d'oliviers poudreux. Çà et là se montrent quelques petites dunes couvertes de tamaris. Des villages aux constructions vulgaires et délabrées bordent le chemin, tandis qu'au loin sur les hauteurs se dressent de vieux châteaux pittoresques et des forêts démantelées. Toutefois l'horizon reste borné jusqu'au torrent del Gallo, presque toujours desséché, au delà duquel on commence à monter. Au lieu de continuer à suivre le bord de la mer, la route escalade par une série de lacets les montagnes abruptes qui se dressent à l'ouest de Messine, et développe ainsi sous les yeux des voyageurs le tableau de plus en plus étendu des rivages siciliens et de la mer de Lipari. On se trouve encore sur le versant septentrional de l'île, à une distance d'au moins dix kilomètres de Messine ; mais, si l'on en croyait le fisc, on aurait déjà fait son entrée dans la cité, car les employés de l'octroi, bravement installés au pied de la montée, examinent à loisir les chargements des voitures et les charrettes, et fouillent les passants pour voir s'ils n'ont dans leurs poches ni fromages, ni bouteilles d'huile. Une chaîne de montagnes, une région géographique tout entière sont comprises dans le district de l'octroi.

L'ascension, longue et pénible, ne dure pas moins de deux heures pour les voitures ordinaires. On dépasse la région des oliviers ; puis au delà du village de Gesso, tout hérissé de tours et de vieilles constructions du moyen âge, on contourne de profonds ravins entre des pentes couvertes de cistes et de bruyères. Pas une maison, pas un arbre, mais seulement la morne étendue des croupes brunes ou rougeâtres. Si ce n'était de la clarté du ciel et du parfum pénétrant des plantes odoriférantes, on pourrait se croire au milieu d'un paysage de l'Écosse ou de l'Irlande.

Enfin la route gagne le point culminant de la Scala, et tout change comme par enchantement. A ses pieds on voit s'ouvrir un abîme, du fond duquel jaillissent des cimes de collines pointues couronnées de pins. En bas, la ville de Messine, ceinte de forteresses et de couvents, se déploie sur la rive, comme un relief en miniature, et projette au milieu des eaux bleues la gracieuse péninsule en forme de faucille qui lui avait valu le nom grec de « Zancle. » Au sud, la mer d'Ionie s'étend jusqu'à l'immense rondeur de l'horizon ; au nord, le fameux détroit du Phare que, depuis le sage Ulysse, ont bravé tant de navigateurs, s'arrondit comme le méandre d'un large fleuve. Le regard l'embrasse tout entier avec les rides et les remous qu'y dessinent les courants. Près de la pointe sablonneuse du Phare, on distingue les flots blanchissants de Charybde et le conflit des vagues qui se heurtent, soit dans le canal lui-même, soit à l'entrée. Des vapeurs, laissant derrière eux un long sillage et leur traînée de fumée noire, passent au travers des flottilles de voiliers effarouchés qui semblent errer paresseusement au gré de la mer. Sur la rive opposée, des villes et des villages, Reggio, San-Giovanni, Scylla, Bagnara, se confondent en une ligne continue de maisons resplendissant au soleil ; mais au-dessus de la gracieuse bordure des villas et des jardins, de sombres gorges entaillent profondément les pentes, et, comme de longs plis dans un manteau, rayent la masse rougeâtre de l'Aspromonte, à jamais rendu célèbre par Garibaldi. Entre les deux terres le contraste est frappant. Du côté de la Sicile, la chaîne des Pélores se hérisse de nombreux sommets terminés en pointes, revêt ses flancs d'arbrisseaux verts et de bouquets d'arbres, tandis que du côté de l'Italie, le continent vient finir majestueusement par une montagne aride à la longue croupe uniforme. L'aspect des hauteurs siciliennes est gracieux et pittoresque, tandis que le dernier promontoire de l'Europe a quelque chose de superbe et de formidable.

Du haut de la Scala, nous descendons à Messine comme un orage. La route plongeante contourne en lacets rapides les ravins et les contre-forts, sort de la région des bruyères pour entrer dans celle des oliviers et des orangers, dépasse les villas et les couvents, et pénètre dans la ville en empruntant le lit d'un torrent desséché. Le spectacle magnifique de la mer et des montagnes ne s'est pas encore effacé des yeux, que la voiture roule déjà sur les dalles blanches de la rue Garibaldi, et que l'on ne voit plus rien de la nature, si ce n'est, à chaque rue transversale, une échappée soudaine sur la nappe bleue du port et sur les monts de la Calabre.

Lorsque j'entrai dans Messine, les habitants célébraient la fête d'un grand saint, l'apôtre Paul, si je ne me trompe. Une procession, composée de milliers de personnes, faisait le tour de la ville en s'arrêtant devant tous les oratoires, toutes les églises, tous les couvents. Néanmoins, la multitude assemblée n'avait rien de cet air dévot, de cette démarche grave, qui distinguent les catholiques du Nord marchant processionnellement dans les rues d'une cité. Au contraire, la foule de Messine était ivre de tapage et se démenait pour faire en l'honneur du saint le vacarme dont il était digne. En tête de la procession, quelques jeunes gens, vêtus de robes monacales, portaient sur leurs épaules la grande statue de bois doré, enveloppée d'un lambeau d'étoffe rouge. En même temps, ils chantaient une hymne religieuse de toute la force de leurs poumons, tandis que les marchandes, installées sur le chemin du cortége, offraient en criant leurs sucreries ou des liqueurs rafraîchissantes, et que les gamins poussaient des cris de joie ou faisaient éclater des pétards dans les jambes des passants. Devant la porte de chaque couvent le tumulte re-

doublait. Alors des grappes d'enfants se suspendaient aux cordes de toutes les cloches et les mettaient en branle, les quêteurs agitaient leurs sonnettes et leurs bourses, les tambours battaient, les crécelles grinçaient, des fusées de pétards jaillissaient de tous les côtés à la fois ; on respirait à peine dans cette atmosphère de bruit, de poussière et de soufre. Lorsque la foule atteignit enfin la place de la cathédrale et se dirigea vers le porche largement ouvert, il me sembla d'abord que la bande joyeuse faisait mine de se recueillir ; mais tout à coup la procession se rompit. La plupart des jeunes gens s'élancèrent vers un coin de la place où un quêteur venait de trébucher en répandant son argent sur le sol. Accueillis par les rires des bourgeois, les gamins et jusqu'aux porteurs de la statue, se précipitaient à la curée, sans souci de la dignité du saint qui, sur toute cette mer de têtes, paraissait courir avec des balancements grotesques.

Au bruit que j'avais entendu, j'aurais pu croire que j'avais assisté à la plus grande fête de Messine ; mais, celle de la *Barra*, que l'on célèbre au mois d'août, est bien autrement grandiose. Alors, ce n'est pas une seule statue que l'on promène à travers la ville, et l'on ne se borne pas à s'amuser pendant un jour. Durant trois journées consécutives, les habitants de Messine et les étrangers venus des localités voisines font assaut de cris, de chants et de vacarme. Des géants en carton, à la gueule rouge et aux dents énormes, font leur apparition dans les rues, accueillis par les applaudissements enthousiastes de la foule ; puis vient un grand chameau suivi de cavaliers en costume de Maures que l'on poursuit de huées ; ce sont, dit-on, des Sarrasins qui reviennent se faire chasser de nouveau de la Sicile. Ensuite passe une espèce de galère, richement décorée, rappelant l'arrivée miraculeuse de quelques vaisseaux chargés de blé qui firent leur entrée dans le port en un jour de famine, puis disparurent soudain dès que le peuple eut porté sur les quais toute la cargaison. Mais tout cela n'est rien comparé au grand char triomphal de la Barra que l'on voit se dresser à douze mètres de hauteur, au plus épais de la multitude. Le char ne représente rien moins que l'Assomption de la Vierge à travers les espaces célestes, de la terre jusqu'à l'empyrée. Sur la plate-forme inférieure, les douze apôtres, que figurent des adolescents de Messine, sont groupés autour d'un lit de parade où le corps de la Vierge est étendu. Au-dessus, porté par des amas de nuages en bois, tourne un soleil à la face jaune hérissée de longs rayons auxquels s'accrochent des petits enfants ; plus haut encore se trouve le ciel lui-même, globe semé d'astres sur lequel sont juchés d'autres chérubins vivants ; tout à fait au sommet de la pyramide, l'âme de la Vierge, que symbolise une petite fille ornée de rubans et de fleurs, apparaît à la droite de Dieu. Tandis que le char vacillant s'avance au milieu du cortége des prêtres, des moines, des magistrats, des militaires, tous revêtus de leur grand costume, les canons tonnent, la voix des cloches descend du haut de toutes les églises et de tous les couvents, la foule délirante éclate en cris de joie. Du reste, les citoyens de Messine pourraient-ils faire moins pour la Vierge, qui leur envoya jadis une boucle de ses cheveux, ainsi qu'une lettre autographe, les assurant à jamais de sa protection spéciale?

Les Messinois ont un grand patriotisme local et mettent une passion jalouse à défendre leur ville, même lorsqu'il leur faut pour cela changer de maîtres. Ce sont eux qui, pour se débarrasser des Sarrasins, introduisirent les Normands en Sicile vers la fin du onzième siècle, et qui, près de six cents ans plus tard, firent appel aux Français pour se défaire des Espagnols. Durant les siéges qu'eut à subir Messine, les habitants se sont toujours défendus jusqu'à la dernière extrémité, et les femmes elles-mêmes, ainsi que le dit un vieux chant de guerre, ont travaillé à la défense commune avec autant d'énergie que leurs maris et leurs frères :

> « Deh! com' egli è gran' pietate
> Delle donne di Messina,
> Veggendole scapigliate
> Portando pietre e calcina!
> Iddio gli dea briga e travaglia
> A chi Messina vuol guastare [1]!

En 1848, lorsque les soldats napolitains furent chassés de la ville et des forts supérieurs, les Messinoises

Cap d'Alessio (avant le percement du tunnel). — Dessin de Saglio.

aidèrent les insurgés à prendre d'assaut le château Gonzague, à transformer en boulets les statues de bronze des Bourbons, à répondre du haut des collines au canon de la citadelle. Quant à ce dernier ouvrage, armé de cent pièces d'artillerie, la valeur des Messinois ne pouvait que se heurter en vain contre les murs; car il occupe une position presque insulaire sur l'étroite pointe de galets qui sépare le port de la haute mer, et pour s'en emparer il aurait fallu nécessairement en faire le siége par terre et par eau. La citadelle resta donc au pouvoir des Napolitains, et ceux-ci purent à leur aise bombarder une partie de la ville Ils démolirent à coups de boulets les maisons qui s'élevaient sur la place de Terra Nova, non loin de l'endroit où s'élève aujourd'hui la gare du chemin de fer, et s'attaquèrent même aux palais de la cité et aux édifices d'utilité publique. Le musée, qui occupe plusieurs galeries de l'Université, servit de cible aux projectiles, et le *cicerone* montre aux visiteurs, avec une sorte de fierté patriotique, des toiles déchirées par les bombes napolitaines. En 1861, la garnison de la citadelle épargna la ville; mais il semble que les propriétaires de Messine durent se trouver pendant quelque temps sous le coup de la ter-

1. Las! comme c'est grand'pitié de voir les dames de Messine, échevelées, portant des pierres et de la chaux! Ah! que Dieu donne peine et travail à qui veut faire tort à Messine!

Taormine. — Dessin de H. Clerget d'après une photographie de M. Paul Berthier.

reur, car sur un grand nombre de maisons on lit encore ces inscriptions qui devaient protéger les immeubles contre la soldatesque : *proprietà francese, proprietà inglese, proprietà prussiana.*

Messine, il faut l'espérer, n'aura plus à subir de bombardement ; mais si elle n'a point à craindre d'être renversée par des boulets ennemis, elle est toujours menacée par les vapeurs élastiques frémissant dans le sol. Messine est située sur la ligne de jonction qui réunit les deux foyers volcaniques de la Sicile et de l'Italie méridionale, et peut-être que sa position dans l'espèce de fossé formé par la dépression du détroit contribue à augmenter encore le danger. Aucune cité d'Europe n'est plus directement menacée que Messine par les tremblements de terre, aucune n'en a plus souffert. En 1783, les secousses renversèrent des centaines de maisons, abattirent les clochers et les tours, firent effondrer les voûtes des églises, tandis qu'un terrible raz de marée, après avoir balayé d'un coup deux mille personnes réunies sur la plage de Scylla, s'engouffra dans le port de Messine, y coula tous les navires et sapa par la base la superbe rangée de palais qui bordait le rivage. Plus de douze mille individus périrent dans cet effroyable désastre ; et bien qu'une période de quatre-vingt trois ans se soit écoulée depuis la catastrophe, on en voit encore en maints endroits les effets. Même dans le Corso, nombre de murs sont restés abattus ou lézardés, bien des entablements ont disparu, bien des sculptures brisées ont cédé la place à des pariétaires et à d'autres plantes apportées par le vent. Pendant les années de prospérité du dix-neuvième siècle, les Messinois ont en grande partie reconstruit leur ville, ils ont même bâti de nouveaux quartiers pour la population incessamment croissante ; mais d'un moment à l'autre, une nouvelle série de secousses peut faire osciller le sol et tranformer encore une fois toute la cité en un monceau de ruines. Malheureusement l'état actuel de la science ne permet pas de prévoir et d'annoncer le retour périodique de ces terribles phénomènes ; et bien que la direction générale des oscillations du sol soit assez bien connue, la municipalité de Messine ne s'est point occupée de rectifier le plan de la ville, afin que désormais les maisons soient construites dans un sens parallèle au mouvement des ondes terrestres. Avant de prendre cette mesure, on attendra peut-être qu'une nouvelle secousse ait déblayé le terrain.

Les guerres, les bombardements, les tremblements du sol ne font que trop bien comprendre pourquoi la ville de Messine, si admirablement située pour le commerce, n'a pas acquis une beaucoup plus grande importance. Son port est le point central de la Méditerranée : d'un côté la mer d'Ionie s'étend jusqu'aux rivages de l'Orient ; de l'autre, le bassin de la mer Tyrrhénienne va se réunir au golfe du Lion pour baigner les côtes de la France et de l'Espagne. Messine est donc l'étape naturelle de tous les navires qui desservent l'immense commerce maritime entre les pays de l'Europe occidentale et les contrées du Levant. La rade

est d'ailleurs un excellent refuge pour les bâtiments, et les vaisseaux du plus fort tonnage peuvent y entrer sans crainte. La formation de ce havre, dont les brise-lames naturels semblent avoir été construits en pleine mer par la main de l'homme, est un phénomène géologique d'autant plus remarquable que la côte de Messine est très-abrupte et plonge dans les eaux sous un angle très-incliné. On ne peut s'expliquer l'existence de ce port et de la péninsule recourbée de la citadelle que par un effondrement du sol, ou par l'action de remous qui tournoyaient dans le canal jadis plus étroit de Charybde. Les anciens donnaient une explication plus simple. En passant en Sicile, Saturne, le père des dieux, aurait laissé tomber son immense faux au milieu des vagues ; mais, hélas ! depuis cette époque, on n'a pourtant pas cessé de mourir.

L'importance de Messine ne peut manquer de s'accroître lorsque le nord de l'Afrique, aujourd'hui en grande partie aride et dépeuplé, aura pris dans l'histoire de la terre le rôle auquel il est évidemment appelé par son heureuse situation sur les bords de la Méditerranée. Quand Port-Saïd, Benghazi, Tripoli, Tunis, Alger seront devenus, comme Alexandrie, de grands centres commerciaux, nul doute que Messine, située au milieu de l'immense réseau de toutes ces lignes de trafic tracées entre les marchés méditerranéens ne profite d'une manière étonnante de tous ces échanges. Espérons aussi que, dans un avenir plus ou moins éloigné, Messine sera la première station sicilienne du grand chemin de fer européen de Paris à Syracuse et Girgenti. Cette année ou l'année prochaine, Reggio sera le point initial d'une voie ferrée parcourant l'Italie dans toute sa longueur. Bientôt après, le réseau sicilien, complétement terminé, apportera voyageurs et marchandises sur les quais de la ville qui regarde Reggio de l'autre côté du détroit. Que restera-t-il alors à faire, sinon à jeter un viaduc entre les deux rivages opposés ?

Un pareil travail, si jamais il s'accomplit, pourra certainement être considéré comme l'une des merveilles du monde ; mais il n'offre rien d'impossible puisque de hardis ingénieurs proposent déjà sérieusement de construire un pont de chemin de fer entre la France et l'Angleterre. A sa partie la moins large, le détroit de Messine offre une ouverture de 2147 mètres environ, qu'il serait facile de rétrécir à 3000 mètres en élevant une jetée sur le banc de sable qui continue dans la mer la pointe du Phare : c'est une œuvre qui, suivant la légende grecque, aurait été entreprise autrefois par le géant Orion. Toutefois, ce n'est point là qu'il serait praticable de faire passer le viaduc, à cause de la profondeur de l'eau qui, vers le milieu, n'a pas moins de 332 mètres ; mais plus au sud, entre le couvent de Santa-Agata et la pointe appelée *Coda del Volpe* (Queue de Renard), où l'ouverture du détroit est d'à peu près 3300 mètres, la plus grande profondeur de l'eau est de 100 à 110 mètres, et d'après les meilleures cartes marines la moyenne ne dépasse pas 75 mètres. Un viaduc composé de travées de 240 mètres, comme le pont jeté sur l'Ohio entre Cincinnati et Covington, ne reposerait que sur une douzaine de piles et dépasserait en longueur de quelques mètres à peine le pont superbe que les Anglais ont déjà depuis plusieurs années jeté sur le fleuve profond et souvent obstrué de glaces du Saint-Laurent. Sur le quai de Messine, un beau groupe de sculpture représente Neptune levant sa main droite armée du trident et calmant du regard les deux monstres de Charybde et de Scylla; mais lorsque le « cheval de feu » passera dans les airs, bien au-dessus de ce détroit que les chevaux de Timoléon le Corinthien et de Roger le comte normand traversèrent jadis en se débattant à la proue des navires, à quel génie faudrat-il dresser une statue, si ce n'est à James Watt ou à Robert Stephenson?

Quoi qu'il en soit, la ville de Messine ne sera que pour une très-faible part redevable de ses progrès matériels à l'initiative de ses propres enfants. Ce sont presque exclusivement des étrangers, Allemands, Anglais, Français, Italiens du nord, qui se sont emparés du commerce maritime, et par le chemin de fer, ils vont également prendre le monopole des transports de terre. En dépit de son amour pour la terre natale, la population messinoise laisse aux « continentaux » le soin d'enrichir le pays, d'y construire des routes, des usines, des palais et des villas. Fière de son beau climat, de son port, de son détroit, de ses montagnes et de tout ce que lui a donné la nature; orgueilleuse, à plus juste titre, des luttes héroïques qu'elle a soutenues à diverses époques pour son indépendance, elle n'a pas encore le droit de se glorifier de son initiative et de sa persévérance dans les travaux de la civilisation. Pour une foule de ses habitants la mendicité est plus en honneur que le travail; les carrefours, les quais sont obstrués de quémandeurs, qui sous l'apparence de garçons d'hôtel, de bateliers, de *vetturini*, ne cherchent qu'à tromper l'étranger, pour gagner en cinq minutes de quoi vivre pendant une semaine. Quant à l'instruction publique, elle doit être dans un bien triste état, si l'on en juge par la pauvreté des deux ou trois boutiques de livres qui se trouvent sur le Corso et dans la rue Garibaldi. D'ailleurs, on n'a qu'à regarder les figures laides, à peine dégrossies d'un grand nombre de Messinois, pour voir qu'ils ont encore bien des progrès à faire avant de pouvoir prétendre, comme leurs ancêtres de Messane, au noble titre de citoyens.

De même qu'à Palerme et dans presque toutes les autres cités de la Sicile, la malpropreté des quartiers pauvres est vraiment lamentable. Autour de certaines églises et sur les bords des *fiumare* qui traversent la ville, nombre de maisons ne sont que de hideuses tanières où les hommes et les femmes grouillent pêle-mêle au milieu des ordures et des guenilles putréfiées; pourtant, à l'arrivée du choléra ou de toute autre peste, des centaines de ces malheureux ignorants seraient peut-être plus disposés à faire une émeute pour massacrer de prétendus « empoisonneurs » qu'à nettoyer leurs tristes bouges. Les principales rues et la célèbre Marina qui borde le

quai, sont elles-mêmes fort sales en dépit de leur architecture prétentieuse. Le port, dans lequel se déversent toutes les impuretés de la ville, ne serait qu'un réceptacle d'immondices, comme le vieux port de Marseille, s'il n'était largement ouvert du côté du nord-est au flot qui vient du détroit. D'innombrables méduses, que les gens du pays, hétérogénistes à leur façon, appellent « la crasse de la mer, » sont sans cesse à l'œuvre pour nettoyer l'eau du bassin. Ces petits êtres se distinguent de la plupart des autres méduses par la richesse des couleurs et la beauté des formes. Leur manteau transparent est veiné de rose ou de violet et chaque ondulation, chaque plissement en modifie la nuance délicate; les tentacules, également roses, sont minces comme des fils et flottent gracieusement au gré de la vague. C'est par millions que ces charmantes méduses peuplent l'eau du port de Messine; aux abords des navires surtout, elles se réunissent en essaims et le flot qui les berce noue leurs chevelures en un réseau inextricable. Pas une rame ne plonge dans l'eau sans y soulever des amas de filaments. Le jour, la vague, pullulant de méduses, en prend quelquefois une teinte rosée; la nuit elle brille d'une lueur mate et phosphorescente.

LA ROUTE DE CATANE. — LE CAP D'ALESSIO.
TAORMINE.

Le chemin de fer de Messine à Catane. — La route de terre. — Les *fiumare*. — Les pourboires et les mendiants. — Scènes de mœurs. — Montée du cap d'Alessio. — Le théâtre de Taormine. — Vue de l'Etna et de l'éruption du Monte-Frumento. — Le cap Schisò. — Campagne de Giarre.

Actuellement, un chemin de fer, longeant la base des montagnes du littoral, unit Messine à la ville de Catane, située à une centaine de kilomètres au sud, non loin de la base de l'Etna. C'est un grand progrès. D'ailleurs, ceux qui protestent contre les chemins de fer au nom du pittoresque seront toujours libres de suivre la côte avec toute la lenteur désirable.

Au printemps de l'année 1865, je n'avais pas le choix entre le chemin de fer et la route poussiéreuse, et malheureusement le soin de mon bagage m'empêchait d'aller à pied. Or, ce n'était point un plaisir de faire le trajet dans la carriole, décorée du nom pompeux de diligence, que fournissait l'administration des postes. Sans parler du véhicule lui-même, vieille caisse qu'on ne se donnait point la peine de nettoyer et qui exhalait une forte odeur de cuir et de victuailles de toute espèce, nous avions à redouter surtout la poussière et les cahots. Aux endroits où la route est assez unie, on se trouve enveloppé d'un véritable nuage, et l'on ne peut respirer qu'en tenant un voile sur sa bouche. De distance en distance, on cesse pourtant de manger la poussière; c'est qu'alors on traverse le lit pierreux de quelque *fiumara*. La plupart de ces torrents, descendus des flancs ravinés de la chaîne Pélorienne, ne sont que de simples filets d'eau serpentant au milieu des cailloux; mais parfois ils s'abattent en avalanches liquides, roulent d'énormes blocs de pierre et, rompant leurs digues, tantôt d'un côté, tantôt de l'autre, rasent les villages et dévastent les plantations. Plusieurs de ces *fiumare* n'ont pas moins d'un kilomètre de largeur; quand l'eau est assez basse pour qu'on n'ait pas à craindre d'être soulevé par le courant et charrié jusqu'à la mer, il faut du moins subir le désagrément d'être tour à tour cahoté avec violence par le choc des roues contre les blocs épars et de s'enfoncer soudain dans quelque fondrière. Aussi les voyageurs que leurs affaires ou l'amour de la nature n'amène pas vers Taormine ou les villes situées à la base de l'Etna, se gardent-ils soigneusement de prendre la route de terre et s'embarquent-ils sur le bateau à vapeur qui se rend directement de Messine à Catane.

La poussière et le passage des torrents ne sont pas les seuls inconvénients qu'offre un voyage en diligence sur cette route du littoral, il expose aussi les étrangers aux importunités des mendiants qui ont remplacé les brigands d'autrefois. Avant de partir de Messine, le *signor corriere* prend déjà soin d'avertir les voyageurs non siciliens, s'il en a dans sa voiture, qu'ils feront bien de se munir d'une quantité de sous de cuivre afin de satisfaire à toutes les demandes. D'abord, les postillons ont acquis le droit, en vertu d'une longue tradition, de réclamer cinq bayoques par relais en sus du prix du voyage. Ensuite, le *corriere* lui-même ne manque jamais de décocher à ses compagnons de route les paroles les

Théâtre de Taormine. — Dessin de M. Gergot d'après une photographie de M. Paul Berthier.

plus doucement modulées et les regards les plus insinuants pour faire comprendre ainsi, sans le dire, que ses titres à la générosité des nobles étrangers sont encore bien plus sérieux que ceux des postillons. Puis en mettant la tête à la portière, on ne voit de tous côtés que des gens tendant la main : dans les villages, aux portes des maisons, ce sont des boiteux, des infirmes, des vieillards, des femmes en haillons : sur la route, ce sont les gamins courant à droite et à gauche de la voiture au milieu des tourbillons de poussière; enfin, devant les églises, les oratoires, les chapelles si nombreuses qui bordent le chemin, ce sont des moines mendiants s'offrant à réciter des *Pater* et des *Ave* pour ceux qui

leur jettent quelques pièces de monnaie. L'un d'eux, jeune homme dans la force de l'âge, nous poursuivit pendant toute la traversée d'une *fiumara*, en nous demandant d'acheter une figure de saint grossièrement sculptée. J'avais déjà vu de bien étranges moines siciliens; mais aucun ne m'avait semblé aussi bizarre que cet intrépide coureur à la robe retroussée, à la barbe inculte, à la voix glapissante.

Les mendiants siciliens n'ont rien de l'insolence farouche de ces loqueteux espagnols qui tendent une main comme si dans l'autre ils avaient un couteau; ils ne peuvent être non plus assimilés à ces parias de Londres ou d'autres villes du Nord qui semblent avoir complète-

L'Etna vu du théâtre de Taormine. — Dessin de H. Clerget d'après une photographie de M. Paul Berthier.

ment perdu leur âme dans leur affreuse lutte contre la misère et qui n'ont même plus de regard dans les yeux. Non, le vrai mendiant de Sicile est un être content de lui-même et de sa destinée; il est servile, mais non moins ironique; il se fait humble, mais en ricanant; il a toujours l'air de penser par devers lui que si on ne lui donne rien, il trouvera pourtant un gîte, du macaroni et des oranges. Du reste, il n'oublie jamais de s'exprimer en termes d'une politesse obséquieuse. Dans un des villages que nous traversâmes, un mendiant flâneur ayant daigné soulever une malle pour un de nos compagnons de route, reçut en échange de ses services un certain nombre de bayoques qui lui parut insuffisant : « Sans doute, dit-il, je dois être reconnaissant à Votre Excellence de la rémunération qu'elle a bien voulu condescendre à me donner. Je n'ai le droit de rien lui demander, je n'implore que sa faveur; cependant il me semble que Votre Excellence aurait pu, par un effet de sa généreuse bonté, m'accorder quelques bayoques de plus pour me dédommager de mes fatigues. » Puis se tournant vers nous d'un air triomphant : « J'en laisse juges Leurs Excellences ! »

La poussière de la route et les tristes scènes de mœurs que m'offraient la misère et la mendicité ne m'empêchaient pas de voir la beauté des montagnes et de la mer. Les larges lits que les *fiumare* se sont creusés laissent monter librement le regard sur les flancs et jusqu'aux cimes pointues de la crête. Le premier piton que l'on voit s'élever à l'ouest est le Dinnamare, le *Bimaris* des anciens, ainsi nommé parce que du sommet on contemple à la fois les deux mers d'Ionie et de Sardaigne. Ensuite on contourne les contre-forts du Scuderi, qui se dresse à mille mètres de hauteur et domine ainsi tous les autres sommets des Pélores, puis on dépasse successivement les caps que d'autres monts projettent dans la mer comme de gigantesques racines. Au-dessus des escarpements du littoral, chaque gradin porte un village et les ruines d'un ancien château crénelé; autour de chaque étroite baie, entre les âpres rochers, se nichent des maisons de plaisance et des jardins d'orangers; sur chaque plage de nombreuses embarcations sont rangées côte à côte, semblables à de grands poissons noirs échoués sur le sable.

Au delà du village de Savoca, l'un des plus hérissés de tours et des plus pittoresques de cette région de la Sicile, on voit se dresser un promontoire, dont les parois en apparence inaccessibles sont couronnées par l'antique citadelle de Forza d'Agrò : c'est bien là l'aire de vautour de laquelle parlent les poëtes. Du côté de la mer, ce promontoire, connu sous le nom de cap d'Alessio, se termine par des rochers presque perpendiculaires dont la base est percée de grottes et qui porte un fort superbe, surplombant de ses créneaux le bord du précipice. Cet ouvrage, construit par les Anglais pendant les guerres du commencement de ce siècle, barrait complétement la route avant qu'il ne fût abandonné; mais aujourd'hui ses embrasures, toutes pleines de myrtes et de lierre, ne menacent plus les passants; la

formidable citadelle, bâtie pour vomir la mort sur les régiments français, n'est plus qu'un trait gracieux dans la beauté du paysage.

Pour atteindre le fort, la route serpente en longs zigzags sur les flancs du promontoire. A chaque pas que l'on fait sur la rampe fortement inclinée, le spectacle de l'espace incessamment agrandi qu'embrasse l'horizon devient plus magnifique. Lorsque nous arrivâmes au cap d'Alessio, le soleil s'abaissait derrière les montagnes Neptuniennes et projetait leurs grandes ombres sur les eaux. A l'orient, la mer d'Ionie, éclairée par les derniers rayons du jour, brillait d'une belle teinte violette qui se confondait à l'horizon avec la couleur de l'atmosphère. A gauche, s'alignait la formidable rangée des montagnes assombries, dont chacune se faisait reconnaître à ses contre-forts parallèles, entourés de verdure à la base et séparés par les plages demi-circulaires où se déversent les *fiumare*. Au loin, vers Messine, la chaîne de hauteurs semblait se réunir avec le continent d'Italie, puis se recourber au sud pour s'épanouir entre deux mers en un large promontoire. De grands navires, des vapeurs et des multitudes d'embarcations de pêche peuplaient la surface bleue. On eût dit que la Méditerranée n'était qu'une immense plaque de cristal, si un cercle de brisants et sa guirlande d'écume n'avaient entouré quelques écueils, tombés du haut des escarpements d'Alessio. Ce petit groupe de rochers tour à tour émergés ou couverts, ce conflit de vagues dont la voix montait jusqu'à nous contrastaient avec l'immense paix du paysage, et donnaient, pour ainsi dire, une âme à la nature.

Sur l'autre versant du cap d'Alessio, la vue est beaucoup plus bornée, mais elle offre un caractère tout spécial de beauté sauvage. La roche du promontoire est fendue dans toute sa hauteur et forme, au-dessous d'une noire embrasure du fort, une espèce de puits où des plantes grimpantes descendent en nappe comme une cascade de verdure. Au-dessus de la route, taillée dans le marbre à une grande profondeur, la montagne, qu'ont sans doute bien souvent secouée les tremblements de terre, est toute hérissée de pointes et parsemée de blocs qui diffèrent de couleur et de forme et donnent à l'ensemble l'aspect d'un chaos. En face, de l'autre côté d'une étroite *fiumara*, se dresse le grand rocher de Taormine dont la base est gracieusement découpée par la mer en criques et en falaises; on dirait d'énormes griffes de lion s'avançant au loin dans la mer. Actuellement tous ces caps avancés sont percés de tunnels où le chemin de fer, dédaigneux des beautés de la nature, passe dans les ténèbres; mais les voyageurs qui savent apprécier les splendeurs de la terre, ne manqueront jamais de descendre avant Alessio pour gravir à pied les deux promontoires.

Celui qui porte Taormine est assez pénible à escalader : c'est une citadelle naturelle, moins formidable à voir que Forza d'Agrò, mais néanmoins d'un aspect sinistre. La ville est une rangée de maisons située sur une étroite plate-forme entre le précipice et la roche

abrupte que couronne l'ancien château féodal, réparé
depuis les Sarrasins par tous les conquérants du pays.
Tauromenium subit le malheureux sort de toutes les
cités si bien défendues par la nature ; elle fut disputée
avec acharnement pendant des siècles par tous les tyrans
de la Sicile. Lors de la grande rébellion des esclaves en
Sicile, cette place fut longtemps le boulevard de la
liberté : les insurgés s'y défendirent avec une persévérance inébranlable ; plutôt que de se rendre, ils préfé-
rèrent s'entre-dévorer eux-mêmes, et le Romain Rupi-
lius n'eût trouvé que des squelettes dans la ville si un
traître ne l'y avait introduit.

A la tombée de la nuit, j'étais au milieu de cet incomparable théâtre de Taormine, où plus de vingt mille
Grecs assemblés dans l'enceinte pouvaient à la fois ap-
plaudir les vers d'Eschyle et contempler le grand pic
fumant de l'Etna. C'est à bon droit que les voyageurs se
rendent en pèlerinage à ce lieu célèbre d'où l'on peut
voir en même temps les côtes fuyantes de Messine, les
monts de la Calabre et le superbe colosse au pied duquel toute la Sicile est étendue. En aucune contrée de
la terre, les hommes n'ont pu jusqu'à présent associer
d'une manière plus remarquable les splendeurs de l'art à
la magnificence de la nature. Plus de deux mille ans se
sont écoulés depuis l'époque où les Grecs ont pu donner
une satisfaction aussi complète à leur sentiment du beau,
mais loin de les égaler par des œuvres semblables, ceux
qui ont suivi les Grecs et les Romains en Sicile semblent avoir surtout pris à tâche de détruire les monuments de leurs devanciers. Même de prétendus Mécènes,
de violents protecteurs des beaux-arts, et notamment un
certain duc de Santo-Stefano, ont aidé au travail de
destruction en emportant les statues et les marbres pour
décorer leurs palais. Ce qui reste de l'ancien théâtre
grec reconstruit par les Romains suffit à prouver que
c'était là un monument d'une rare beauté : on ne peut
qu'en admirer les colonnes de granit, les niches, vides
de leurs statues, la scène, la mieux conservée de tous
les édifices de ce genre en Europe ; mais ce que les
ruines du théâtre de Taormine ont de plus beau, ce
sont les arcades à travers lesquelles apparaissent le
bleu de la mer ou du ciel, les blocs de marbre couchés
dans les broussailles et les touffes de graminées qui
poussent entre les pierres.

Toutefois je n'essayai point, sous la lumière affaiblie
du crépuscule, d'étudier en détail les débris du théâtre de
Taormine, car l'Etna présentait à mes yeux un spectacle
dont l'intérêt était pour moi bien autrement saisissant.
C'était la première fois que je voyais de près le volcan,
et je distinguais sur son flanc septentrional, précisément
en face, la lave rouge d'une éruption. Depuis près de
deux mois déjà, la montagne s'était fendue verticalement
du côté qui regarde le nord-ouest, et de l'énorme crevasse,
longue d'environ quatre kilomètres, jaillissaient des vapeurs et des matières fondues. Un grand contre-fort de
l'Etna, le Monte-Frumento, était ouvert, du voisinage de
la cime jusqu'à la base, et la fente se continuait au pied
de cet épaulement sur un plateau jadis boisé que par-

sèment d'anciens cônes d'éruption. C'est en cet endroit
de la montagne, à la hauteur moyenne de deux mille
mètres, que se trouvait le principal siége du phénomène.
Plusieurs monticules de scories et de cendres s'y étaient
élevés à vue d'œil, et de leur base s'était écoulé un
énorme fleuve de laves qui, après avoir rasé les forêts du
plateau, descendait sur les pentes de l'Etna, remplissait
les vallées et détruisait les cultures.

Des murailles de Taormine, c'est-à-dire de dix-huit à
vingt kilomètres de distance, il m'était impossible de discerner les détails de l'éruption, surtout à travers l'obscurité qui s'appesantissait graduellement sur l'espace ;
mais la grandeur qu'offrait l'ensemble du spectacle était
d'autant plus frappante. Un amas de vapeurs blanchâtres, encore parfaitement visible, se dressait à la cime du
volcan comme un spectre et s'étalait dans l'immensité
des cieux. Plus bas, sur une arête de la superbe pyramide de l'Etna, d'autres amas de vapeurs, provenant de
l'éruption du Frumento, s'allongeaient en nuages comme
la fumée d'un incendie et recouvraient les bois de leur
voile grisâtre. Au-dessous se montrait la lueur écarlate
des laves, rendue de plus en plus brillante par le contraste, à mesure que s'épaississaient les ténèbres de la
nuit. Bientôt je cessai de voir la vallée intermédiaire qui
sépare le promontoire de Taormine des flancs de l'Etna :
il me sembla, par suite d'une illusion d'optique inévi-
table, que la grande montagne s'était rapprochée et que
la fournaise flamboyante était là, tout près de moi, de
l'autre côté d'un vallon. A la fin, le brasier de l'éruption
n'était plus à mes yeux que la gueule d'une forge et les
détonations rapides dont le vent apportait à mes oreilles
le bruit affaibli me rappelaient le choc des marteaux
retombant sur l'enclume. Par moments, il me semblait
voir passer devant la flamme les ombres des grands
Cyclopes forgeant les carreaux de Jupiter.

Le domaine de l'Etna commence au pied du rocher
de Taormine, car c'est là que l'on rencontre le premier
courant de laves. Ce fleuve de pierre, l'un des plus considérables qu'ait jamais vomis la terre de Sicile, n'a pas
moins de vingt-cinq kilomètres de longueur et s'avance
dans les abîmes de la mer à une distance de plusieurs
centaines de mètres. C'est sur ce promontoire de laves,
connu de nos jours sous le nom de cap Schisò, que les
Ioniens fondèrent, il y a 2600 ans, la première colonie
grecque de la Sicile. De même que les émigrants allemands et irlandais établis dans le Nouveau-Monde cherchent à tromper l'amertume de leurs regrets en dési-
gnant leurs demeures d'Amérique par des appellations
empruntées à la patrie, de même les colons grecs don-
nèrent le nom de Naxos à la ville qu'ils venaient de
fonder sur la terre étrangère et dressèrent sur une falaise voisine la statue d'Apollon, leur dieu protecteur.
La jeune cité grandit rapidement en population et en
puissance, puis vinrent les guerres, les expéditions loin-
taines, les tyrannies, et Denys de Syracuse vint un beau
jour raser la ville et réduire les habitants en esclavage.
De nos jours, aucune trace ne rappelle l'antique existence de la colonie grecque.

Au sud du promontoire de Schisò on traverse la petite rivière de Cantara sur un vrai pont, qui n'est certainement pas une merveille d'architecture, mais que les Siciliens n'en montrent pas moins avec fierté ; puis on gravit obliquement les premiers renflements de la base de l'Etna. Le sol de la route a la couleur du fer, et la poussière qu'y soulèvent les roues ressemble à la limaille des usines ; à droite et à gauche s'élèvent des murs que l'on dirait construits en blocs de métal ; mais par contraste avec cette large ornière rougeâtre de la route, les campagnes que l'on parcourt offrent une végétation magnifique, beaucoup plus touffue que celle de toutes les autres parties de la Sicile. Les bosquets d'oliviers, d'orangers, de citronniers et d'autres arbres à fruit, auxquels se mêlent çà et là des groupes de palmiers, transforment en un grand verger tout l'espace compris entre la mer et la base de la montagne ; de nombreuses villas, des coupoles d'églises et de couvents se montrent de toutes parts au-dessus des massifs de verdure. La terre est si fertile que ses produits, nourris par des alluvions qui ont en certains endroits cinquante mètres d'épaisseur, peuvent suffire à une population

Val del Bove. — Dessin de Saglio d'après une photographie de M. Paul Berthier.

trois ou quatre fois plus forte en proportion que celle des autres contrées de la Sicile et de l'Italie. Les villes touchent aux villes. Riposto projette un long faubourg dans les campagnes pour aller rejoindre un quartier de Giarre, et celui-ci va d'un autre côté se réunir à **Mascali** ; les villages se suivent comme les perles d'un collier tout autour de la montagne. Au-dessus de ces pentes inférieures d'une si remarquable fécondité se dressent les flancs proprement dits de l'Etna, dont le sol excelle pour les forêts, ainsi que le prouvent le « châtaignier des Cent chevaux » et d'autres colosses du monde végétal. Quant à l'admirable spectacle offert, au-dessus de toute cette verdure, par la masse fumante de l'Etna entourant de ses deux contre-forts neigeux le cirque noirâtre du Val del Bove, c'est là un tableau qu'il est impossible d'oublier. La grande forme de l'Etna reste à jamais gravée dans le regard de celui qui eut le bonheur de la contempler un jour.

Élisée RECLUS.

(La suite à la prochaine livraison.)

Cratère du Monte Frumento. — Dessin de Camille Saglio d'après une photographie de M. Paul Berthier.

LA SICILE ET L'ÉRUPTION DE L'ETNA EN 1865.

RÉCIT DE VOYAGE PAR M. ÉLISÉE RECLUS[1].

TEXTE ET DESSINS INÉDITS.

ACI - REALE.

Aci-Reale et ses académies. — Falaises de la Scalazza. — Grotte des Colombes.   Iles des Cyclopes.   Le géant Polyphème.

Aci-Reale, que l'on traverse au sud de Giarre, est, après Catane, la ville la plus importante du pourtour de l'Etna, et, par le nombre de ses habitants, se place au quatrième rang dans la Sicile. Elle jouit aussi d'une grande prospérité commerciale, à cause de la fertilité des campagnes environnantes et du groupe de villages très-peuplés qui l'entoure ; aussi, par une conséquence toute naturelle, une forte proportion de ses résidents bourgeois vivent de leurs revenus et passent leur vie à converser devant les cafés. D'ailleurs, les citoyens d'Aci-Reale sont relativement très-policés et se vantent d'être supérieurs en instruction aux Siciliens de Messine et de Palerme. Dans tout le district, les mystères de l'alphabet sont, il est vrai, restés un grimoire pour quatorze personnes sur quinze ; néanmoins, il semble positif que, toute proportion gardée, la ville elle-même est bien la plus intelligente, la plus instruite, la plus riche en littérateurs, en artistes, en hommes de goût. Sans compter les *cercles* et les *associations* où vont bavarder et plus rarement discuter les fumeurs, Aci-Reale est le siége de deux académies, peu connues hors de la province, mais n'en publiant pas moins de sérieux travaux. Dès le soir de mon arrivée, un des principaux membres de ces académies, M. Mariano Grassi, me fit, avec la plus gracieuse hospitalité, les honneurs de sa ville et m'entretint avec enthousiasme de notre grand ami commun,

1. Suite. — Voy. pages 353 et 369.

le géant Etna. Nul mieux que M. Grassi n'a suivi les progrès de la récente éruption, dont il a, du reste, raconté l'histoire de la manière la plus complète dans une brochure publiée à la Catane : *Eruzione del l'Etna del* 1865.

La ville est très-riche en palais, en grands édifices municipaux, en églises et couvents; mais ces monuments sont en général d'assez mauvais goût et ne méritent guère d'être visités. La gloire d'Aci-Reale, c'est l'incomparable vue dont elle jouit sur la mer et sur l'Etna. Le plateau qui porte les maisons de la ville se compose de sept coulées de lave vomies successivement par le volcan à des époques inconnues, et se terminant, du côté de la mer, par une falaise de plus de cent mètres d'élévation, où l'on voit distinctement les assises superposées des anciens courants de pierre fondue. La face extérieure du promontoire est tellement escarpée qu'il faut se pencher en dehors de la terrasse, si bien nommée du Belvédère, ou par dessus la voie ferrée construite au bord du précipice, si l'on veut apercevoir, à travers les tiges entremêlées des figuiers de Barbarie, les toits rouges des maisonnettes de pêcheurs et la ligne écumeuse des brisants.

Le chemin de descente ou la Grande Échelle (*Scalazza*) atteint le fond de l'abîme en tournant diverses fois sur lui-même et en s'enracinant aux flancs du rocher par des murs de soutènement. De cet escalier suspendu au-dessus du gouffre on peut étudier à loisir les différentes couches de lave. Chaque coulée offre, dans presque toute son épaisseur, une masse compacte où les plantes peuvent à peine insérer leurs racines; mais leur partie supérieure est uniformément changée en une couche de tuf ou même de terre végétale due à l'action de l'atmosphère pendant une série de siècles plus ou moins longue. Après être sorti des flancs de l'Etna, chacun des courants qui constituent aujourd'hui le promontoire eut le temps de se refroidir, de se recouvrir de sol végétal et de porter une végétation arborescente que devait, plus tard, recouvrir un autre fleuve de pierre. On a également constaté un autre phénomène remarquable. Tandis que la falaise croissait par en haut, grâce à l'épanchement de nouvelles assises, elle croissait aussi par en bas, à cause du soulèvement graduel de la masse. A différents niveaux, on distingue sur la paroi, bien au-dessus de la surface actuelle de la Méditerranée, les lignes d'érosion tracées antérieurement par la mer ; on voit aussi plusieurs de ces « marmites de géants » que les vagues ont creusées en y faisant tournoyer des blocs de pierre.

Au nord du hameau de pêcheurs, les hardis piétons qui ne craignent pas de cheminer péniblement à travers les roches pointues et d'escalader les énormes débris écroulés du haut de la falaise, arrivent bientôt en face d'une belle grotte qui s'ouvre comme un porche à la base d'une muraille presque perpendiculaire. Cette caverne, dans laquelle s'engouffrent les vagues et d'où l'on entend sortir incessamment des râles et des sanglots produits par le refoulement de l'air emprisonné, ressemble, au moins pour la formation, à la fameuse grotte

basaltique de Fingal, dans l'île de Staffa. De chaque côté de l'ouverture, les masses de lave sont disposées en colonnes irrégulières de quatre à cinq mètres de hauteur, les unes complétement verticales, les autres ployées vers le milieu sous le poids des roches surincombantes. Au-dessus de cette colonnade inférieure pèse une deuxième rangée de prismes, dont les pendentifs, pareils à ceux d'une voûte gothique, constituent le toit de la caverne. Plus haut encore, les roches, beaucoup plus compactes, affectent vaguement la forme de gigantesques piliers; il est évident que la pression des énormes assises de laves qui se trouvent plus haut n'a pas suffi pour donner à toute la masse une structure columnaire.

D'autres groupes de colonnes basaltiques s'élèvent dans le voisinage d'Aci-Reale. Ce sont les célèbres îles des Cyclopes, que Polyphème jeta, dit-on, sur Ulysse et ses compagnons de voyage. Ces îles, appelées aussi Faraglioni, sont situées à quelques centaines de mètres du rivage que longe en cet endroit la route de Catane. Le plus remarquable de ces îlots noirâtres est une espèce de pyramide, haute de soixante mètres et toute hérissée de clochetons formés par des faisceaux de prismes entourant une colonne centrale : on dirait l'énorme couronnement d'une pagode indoue. A côté se dresse un autre obélisque de même apparence, mais de plus petite dimension. Le paysage que les îles des Cyclopes forment avec le promontoire et la vieille tour d'Aci-Castello est un des sites de la Sicile que la gravure a le mieux fait connaître; mais ce n'est point l'un des plus beaux. Les arbres manquent complétement sur cette partie du littoral, les maisons des villages riverains ont un aspect sordide, un nuage de poussière s'élève presque incessamment au-dessus de la route, et les hauts escarpements rocheux du pourtour de la baie empêchent le regard de monter vers les campagnes verdoyantes qui ceignent la base de l'Etna.

Pourtant c'est bien là, si l'on en croit la légende, ce qui fut jadis le vallon le plus charmant de la Sicile. Au bas de la route, on voit jaillir, sous un entassement de roches, une petite fontaine, dont les eaux vont se perdre en partie dans un pré marécageux, tandis que le reste emplit un immonde abreuvoir dans la cour d'une étable : c'est le fleuve Acis, qu'adoraient autrefois les nymphes. De grands arbres baignaient leurs racines dans l'onde pure, les troupeaux épars dans les prairies broutaient les herbes savoureuses, et le géant Polyphème, assis sur un rocher, promenait lentement sur ses brebis et sur les flots le regard de son large front. Pour les Hellènes qui venaient aborder aux côtes de la Sicile quel était donc ce grand cyclope qu'Homère nous a dépeint? N'était-ce pas le gigantesque Etna lui-même, dont le cratère brille pendant les éruptions comme un œil immense ouvert au sommet de la montagne? Quand le monstre « aux voix nombreuses » rejette les laves de ses flancs, il engloutit les ruisseaux sous des amas de pierres, comme il le fit autrefois pour Acis; quand il agite sa masse énorme, il fait tomber du haut des falaises

des pans de roches qui deviennent des îlots et des
écueils, comme les Faraglioni; dans ses accès de colère,
il écrase et dévore par milliers les hôtes étrangers qui
sont venus lui demander l'hospitalité et qui se nourris-
sent de la chair de ses troupeaux. Il est formidable à
voir, et néanmoins le sage Ulysse va le braver jusque
dans son antre; pendant le sommeil du cyclope, le héros,
type de l'impassible laboureur, ne craint pas de lui
ravir ses richesses, puis, quand le monstre s'éveille, la
proie qu'il cherche sait échapper à sa fureur aveugle.

LE MONT-ETNA.

D'Aci-Reale à Nicolosi. — Les Monti-Rossi et l'éruption de 1669. —
L'ascension de l'Etna. — Le Val del Bove. — Le panorama de la
Sicile et la vue du cratère. — Descente vers Adernö. — Le pont
et les cascades du Simeto. — Bronte et l'auberge du Loup. — Un
paysage du centre de l'Europe. — Le plateau de Donnevita. —
L'éruption du Monte-Frumento. — Les grands châtaigniers de
l'Etna. — L'éruption de 1852. — De Zaffarana à Catane.

Au lieu de faire un grand détour par Catane, il m'était
facile d'aborder directement l'Etna en partant d'Aci-

PARTIE CENTRALE DE L' ETNA

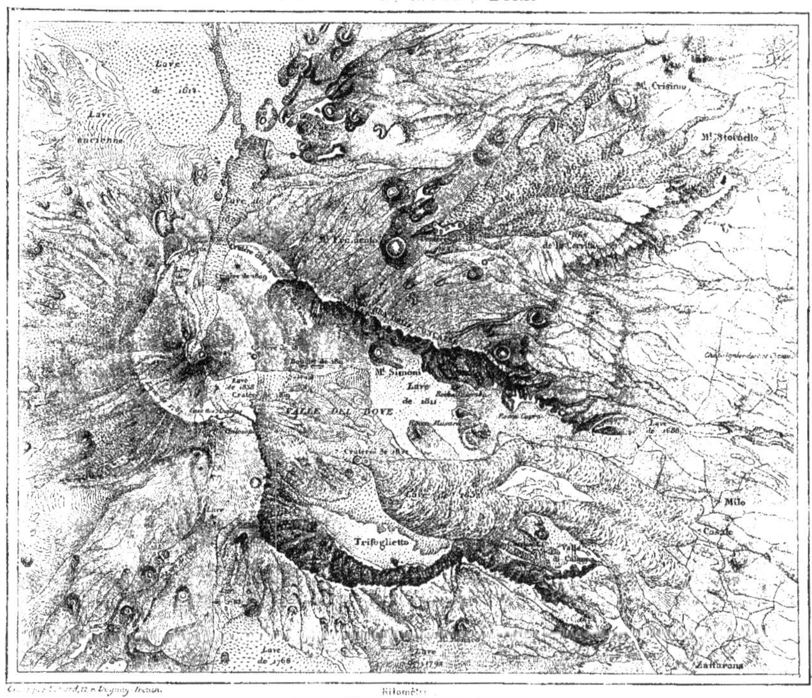

Plan du sommet de l'Etna. — D'après la carte de Sartorius de Waltershausen.

Reale. La route, qui de cette dernière ville monte vers
Nicolosi, est plus riche en beaux points de vue que le
chemin d'ascension suivi par tous les voyageurs étrangers. A l'ouest d'Aci-Reale, quand on s'élève de contre-
fort en contre-fort comme par une succession de degrés,
on ne cesse d'avoir sous les yeux l'immense jardin qui
ceint la base de la montagne et l'étendue bleue de la mer
Ionienne, que le feuillage touffu des arbres de la plaine
semble découper en golfes aux contours indécis. Des
villages, beaucoup plus riches que ne le sont la plupart
des villes dans les autres districts de la Sicile, se montrent sur la cime de chaque hauteur, dans le creux de
chaque vallon; des maisons de plaisance, des églises à
coupoles apparaissent au milieu de la verdure; de toutes
parts, on voit les signes de la grande richesse territo-
riale du pays.

Laissant à l'auberge d'Aci-Reale tout mon bagage
inutile, je bouclai le havresac sur mon dos et, joyeux
comme un étudiant d'Allemagne, je commençai mon
voyage pédestre sans m'infliger l'ennui d'un guide, triste
compagnon qui partage rarement les impressions de
celui qu'il conduit. Il est vrai qu'en voyageant ainsi

comme un homme libre je m'exposais en même temps à un excès de curiosité de la part des gendarmes. Dans ce pays, comme dans tous ceux dont la population était encore récemment asservie, les voyages pédestres ne sont point en honneur. De plus, j'étais seul, et les Siciliens, peuple éminemment sociable, ne pouvaient comprendre qu'un homme eût la bizarrerie d'aller se promener sans compagnon à cinq cents lieues de ses pénates. Aussi me fallut-il plus d'une fois « exhiber » mes papiers et « justifier de mon identité. »

Au-dessus du beau village de Via-Grande se dresse le cône d'éruption le plus rapproché de la mer et l'un des plus éloignés du cratère central de l'Etna ; c'est à la base de ce monticule, aux flancs rouges et noirs plantés de vignes, que commence la véritable ascension de la montagne, dont la cime se montre au nord-ouest, à dix-huit kilomètres de distance linéaire. Au delà d'une ancienne coulée de lave revêtue d'oliviers, l'aspect des campagnes change brusquement. On ne voit plus autour de soi une mer de verdure, mais seulement des rangées basses de ceps de vigne et des champs de céréales dominés par des murs de scories rougeâtres : on se trouve déjà dans la région du feu.

Après avoir escaladé successivement plusieurs *cheires* de lave, on aperçoit, à côté de la route, quelques maisons basses qu'on dirait avoir été construites en scories de fer et qui, de loin, se confondent par leur aspect avec les terrains environnants. Ces masures sont un quartier du grand village de Nicolosi qui s'étend, sur un espace de plus d'un kilomètre, entre deux grands courants de lave, au centre d'une espèce de cirque dominé à l'ouest et au nord par des cônes d'éruption, le Monpilieri, les Monti-Rossi, la Serra-Pizzuta. A voir ces maisons noirâtres entourées de pierres on croirait se trouver dans un misérable hameau et non dans un grand village de trois mille habitants, honoré par le fisc d'une cein-

Grotte des Colombes. — Dessin de Camille Saglio d'après Sartorius de Waltershausen.

ture d'octroi. Nicolosi n'a pas moins de six églises, sans compter divers oratoires et le couvent considérable de San-Nicolò d'Arena, devenu la maison de plaisance des Bénédictins de Catane. Pendant une partie du siècle dernier, des brigands s'étaient installés, dit-on, dans les salles du monastère. Les rares visiteurs de l'Etna ne pouvaient alors aborder la montagne sans entrer en composition avec les bandits.

De nos jours les étrangers ne risquent d'être exploités à Nicolosi que par les mendiants, les guides et les aubergistes ; mais on ne saurait s'en plaindre, car ce fait même prouve que cette partie si curieuse des régions etnéennes est assez fréquemment un but de pèlerinage scientifique pour les Européens du Nord. Le village a deux auberges qui diffèrent singulièrement de celles du reste de la Sicile par leur propreté relative et par le comfort dont on y jouit. Une de ces auberges possède même une carte des éruptions de l'Etna, par Gemellaro, et quelques bons livres de vulcanologie et de géographie locale, qui sont mis librement à la disposition des voyageurs. Quant au registre où sont inscrits côte à côte les noms des savants les plus illustres et ceux du commun des touristes, l'hôte s'empresse de l'apporter d'un air de triomphe, ignorant sans doute que ce livre ne renferme pas seulement des éloges à l'adresse de sa personne et de sa cuisine, mais aussi des plaintes fondées sur sa rapacité. Quoi qu'il en soit, l'examen de ce recueil, considéré au point de vue statistique, démontre ce fait intéressant, que plus de la moitié des visiteurs de Nicolosi sont des Anglais. Les voyageurs allemands et les Français sont en nombre à peu près égal, puis viennent les Russes et les Hollandais ; enfin, les Italiens du continent sont rares, et c'est à peine si deux ou trois Siciliens sont amenés chaque année par l'amour de la science et des voyages à gravir les pentes inférieures de leur volcan.

La plupart des étrangers se bornent à gravir l'une des deux montagnes jumelles qui s'élèvent au nord-ouest du village et que l'on désigne par le nom de Monti-Rossi, à cause de l'apparence rougeâtre de leurs scories. Ces amas de cendres, hauts de plus de 200 mètres au-dessus du sol environnant, ont jailli des flancs de l'Etna lors de la célèbre éruption de 1669, et de leur base s'écoula vers Catane ce terrible fleuve de lave qui détruisit quatorze villes et villages habités par plus de vingt-cinq mille personnes. A l'issue de l'énorme source, le courant s'étala largement sur un espace de plusieurs kilomètres, et descendit avec une majestueuse lenteur en noyant les campagnes et les maisons sous des vagues de feu. Le cône boisé du Monpilieri, qui s'élève au sud des Monti-Rossi, fut lui-même entouré comme une île par cette mer incandescente; et ses roches, en partie fondues, en partie écrasées sous le poids des laves accumulées, durent livrer un passage à la masse liquide. Après avoir transpercé cette colline, le courant se divisa en trois branches principales, dont l'une, se recourbant au sud-est, marcha sur Catane, rasa une partie de la ville, et jeta dans la mer un promontoire de près d'un kilomètre, à la place de l'ancien port. En moins de deux mois, une masse d'un milliard de mètres cubes de laves était sortie du sein de la montagne pour s'étendre en horrible dé-

Lave des cratères du Frumento. — Dessin de Camille Saglio d'après une photographie de M. Paul Berthier.

sert sur des champs d'une admirable fertilité. De nos jours encore, on peut, en gravissant l'un des deux Monti-Rossi, suivre du regard, sur presque tout son parcours, le fleuve de pierre fondue qui s'épancha dans la plaine : seulement, le vert des cultures empiète çà et là sur les bords de la grande coulée. Quant au cratère qui s'ouvre entre les deux monticules, et qui vomit pendant l'éruption un prodigieux amas de cendres sur toute la contrée, il est transformé aujourd'hui en un vallon, dont les pentes, gracieusement recourbées, enferment un petit bosquet de genêts.

Immédiatement avant le terrible cataclysme, le flanc de l'Etna s'était fendu sur une longueur de près de 20 kilomètres, depuis le plateau supérieur de la montagne jusqu'au-dessous de Nicolosi. Cette fissure est comblée dans presque toute son étendue ; cependant on voit encore une quinzaine de trous, plus ou moins profonds, disposés en ligne sur la pente du volcan et qui sont évidemment des restes de la grande crevasse de 1669. La plus importante, appelée *fossa della Palomba*, n'est pas très-éloignée de la base septentrionale des Monti-Rossi. C'est un entonnoir d'une vingtaine de mètres de profondeur, communiquant par un étroit couloir avec une espèce de puits, au fond duquel s'ouvre une galerie qui se prolonge de corridor en corridor jusqu'à plusieurs centaines de mètres de distance. Accompagné d'un gamin de Nicolosi, je descendis dans le premier puits, mais là, je ne me sentis nullement tenté de prolonger mon voyage d'exploration dans les entrailles du volcan. Échappant à la froide humidité qui suintait à travers les parois de lave, je remontai avec joie vers la lumière du soleil.

Pendant la nuit suivante je devais commencer mon ascension de l'Etna; mais l'individu qui s'était proposé tout d'abord à me servir de guide ne me plaisait nullement, et, d'un autre côté, le poids de mon bagage et des provisions indispensables m'empêchaient de tenter seul l'aventure. Nous étions alors au commencement du printemps, saison pendant laquelle les gens de Nicolosi ne se soucient guère d'escalader la montagne, à cause du froid qui règne dans les régions supérieures, et surtout à cause des longues pentes de neige qu'ils sont alors obligés de gravir à pied. Presque toutes les ascensions de la montagne se font en été, alors que voyageurs et guides peuvent aller à dos de cheval jusqu'à la base même du grand cône célébrer un joyeux banquet dans la « maison des Anglais, » débarrassée de neiges, puis après avoir grassement dormi, se donner le luxe d'admirer le lever du soleil des bords du cratère. Toutefois, les vrais amants de la nature doivent trouver la montagne d'autant plus belle qu'ils ont à la conquérir par une plus longue marche sur ces neiges, avec lesquelles la magnifique verdure de la plaine forme un si éblouissant contraste.

Dans mon embarras, je m'adressai à M. Giuseppe Gemellaro, frère du célèbre géologue de Catane et lui-même savant minéralogiste. Depuis quarante années, il n'a cessé d'étudier avec passion sa chère montagne, et sans doute on l'eût révéré, il y a deux mille ans, comme un des génies de l'Etna. M. Gemellaro me remercia avec effusion d'être venu lui demander un service, puis après m'avoir fait les honneurs de son remarquable musée de laves et autres produits volcaniques, il envoya chercher le guide le plus intelligent et le plus sûr de Nicolosi. C'est un homme dont les cheveux grisonnent déjà, et qui traîne, en boitant, la jambe droite; mais il n'en est pas moins un solide marcheur, ainsi que j'eus mainte occasion de m'en convaincre le lendemain.

Il était nuit noire lorsque nous partîmes de Nicolosi; à peine voyais-je mon compagnon, et je me laissais guider surtout par le bruit des scories qui résonnaient sous ses pas. Bientôt nous entrâmes dans la région que, par habitude, on appelle encore région boisée, mais où l'on aperçoit, seulement à de grandes distances les uns des autres, quelques chênes aux énormes troncs presque entièrement ébranchés. Sur ce versant de l'Etna, il n'y a plus de forêt, et les déserts de la région supérieure succèdent immédiatement aux cultures du pourtour de la montagne. Là on ne voit plus, en été, que talus de scories et de cendres; en hiver et au printemps, que nappes interminables de neige entourant çà et là des îlots noirâtres de laves escarpées. Du reste, la pente est très-facile à gravir. Nul doute que si l'Etna se trouvait

en Suisse, on n'eût construit depuis longtemps une route carrossable pour monter à la cime du volcan.

Le soleil venait de se lever lorsque nous arrivâmes sur le plateau doucement incliné qu'on appelle *Piano del Lago* en souvenir d'une lagune de neige fondue, comblée par les laves au commencement du dix-septième siècle. Les rayons glissaient obliquement sur la nappe blanche en y faisant briller d'innombrables diamants. Directement en face, nous voyions se dresser le grand dôme, rayé çà et là d'avalanches grisâtres où les cendres se mêlaient à la neige. De sa bouche énorme, une colonne de vapeurs, entourée à la base d'une guirlande de fumées transparentes, se tordait en larges volutes aux contours dorés, et montait en tournoyant vers les nuages. Le volcan était silencieux, mais ce calme lui-même rendait l'immense tourbillonnement des vapeurs d'autant plus majestueux. Je m'avançais avec émotion, à la fois heureux et tremblant, comme un profane auquel se dévoile un mystère. C'était donc là ce géant de la Sicile, vers lequel, depuis mon enfance, s'était si souvent porté mon imagination! Je la contemplais enfin cette montagne, dont les anciens, pénétrés d'admiration, avaient fait jadis le « clou de la terre » et le « pilier du ciel! »

A l'extrémité orientale du Piano del Lago, une longue arête indique le rebord du précipice appelé Val del Bove. Pour me faire voir ce gouffre, l'une des merveilles de l'Etna, mon guide me fit obliquer à droite et contourner au nord la base de la Montagnuola, grand cône d'éruption, que de Catane on prendrait pour une des cimes de volcan. J'approchais avec une espèce d'horreur de l'effroyable abîme. Bientôt je vis la vaste plaine de laves s'étaler à plus de mille mètres de profondeur, semblable à un fragment d'une autre planète. Autour de nous, c'était la zone polaire avec ses neiges et ses glaces; dans la partie inférieure du cirque, au-dessous des talus d'avalanches qui s'étaient écroulés du plateau, c'était la région du feu avec ses cratères de cendres, ses courants de matières fondues, ses amas de scories. Du haut des escarpements, on plonge le regard jusque dans les entrailles mêmes de la montagne, et l'on peut facilement étudier l'architecture du volcan tout entier en suivant des yeux, sur les parois de l'amphithéâtre, les couches superposées des laves et les murs de trachyte ou de basalte injectés dans les fentes. Jadis une partie de cet abîme, le Trifoglietto, fut une des bouches de l'Etna, et communiquait directement avec la mer souterraine des matières fondues; mais à une époque immémoriale, la cheminée d'éruption s'obstrua, puis le cratère égueulé fut graduellement raviné par les eaux de neige, et finit par devenir, pendant le cours des siècles, l'énorme cirque irrégulier du Val del Bove.

Les yeux sans cesse tournés vers l'abîme qui s'ouvrait à côté de moi, je continuai mon ascension vers le cône terminal de l'Etna. Je dépassai, sans les voir, quelques restes d'une construction romaine, qu'on appelle la Tour du Philosophe, puis je laissai à gauche le ressaut de terrain qui porte la « maison des Anglais. »

Le toit seul de cet édifice hospitalier se montrait au-dessus de la neige. Pendant les mois d'hiver, ce bâtiment reste enseveli; cependant on pourrait facilement, avec quelques précautions empruntées aux Esquimaux, l'habiter durant toute l'année. M. Gemellaro, de Nicolosi, propose d'en faire un observatoire météorologique, destiné à la double étude des volcans et des courants aériens. Ce serait une admirable station, pour les savants, que cette maison située au centre même du bassin de la Méditerranée, à près de 3000 mètres d'élévation et bien au-dessus de la région des nuages inférieurs, à ces hauteurs aériennes où se heurtent et se croisent les courants atmosphériques venant sans obstacle du pôle et de la zone équatoriale. Il est vrai que des tremblements du sol ou des grêles de pierres pourraient interrompre parfois les recherches et gêner les observateurs. En 1863, des blocs lancés par le grand cratère défoncèrent ainsi la maison, et M. Gemellaro a dû la faire reconstruire entièrement.

Le cône central a près de 300 mètres de hauteur, et ses flancs, composés de débris glissant par leur propre poids, sont beaucoup plus pénibles à gravir que le reste de la montagne, sans être pourtant aussi difficiles à escalader qu'on le raconte d'ordinaire. Lors de mon ascension, ils n'étaient percés, sur leur versant méridional, que d'un petit nombre de fumerolles, mais la température des gaz contenus dans l'intérieur du cratère avait suffi pour fondre la couche de neige sur le pourtour presque entier du cône. Une odeur faiblement sulfureuse se mêlait à l'atmosphère. Une singulière somnolence s'était emparée de moi. Malgré l'émotion que j'éprouvais en approchant de la cime, j'étais tenté à chaque pas de m'étendre sur un lit de scories, pour y jouir du sommeil. Soit que la nuit précédente, consacrée à la marche, eût fatigué mes yeux, soit aussi que la diminution considérable de la pression atmosphérique eût produit sur mes organes un effet particulier, il est certain que je dus énergiquement lutter contre moi-même pour ne pas m'endormir en gravissant la pente.

Enfin, j'atteignis le bord du cratère, et tout nuage de sommeil disparut aussitôt de mes yeux[1]. « Les voyageurs célèbrent à l'envi dans leurs récits l'incomparable panorama sur lequel se promène le regard du haut de cet observatoire de 3300 mètres. Il serait en effet bien difficile de rêver un spectacle supérieur en beauté à celui qu'offrent les trois mers d'Ionie, d'Afrique et de Sardaigne, entourant de leurs eaux plus bleues que le ciel le grand massif triangulaire des montagnes de la Sicile, tout hérissé de villes et de forteresses, les hautes péninsules de la Calabre et les volcans épars de l'Éolie, fils de l'Etna, que les forces à l'œuvre dans le sein de la terre ont fait lentement surgir du fond de la Méditer-

ranée. La puissante masse du volcan, dont le diamètre n'a pas moins de quinze lieues, s'étale largement au-dessous du cratère terminal avec ses zones concentriques de neiges, de scories, de verdure, de villages et de cités. Tous les détails de l'immense architecture se révèlent à la fois; on distingue les contre-forts et les abîmes, les courants de lave et les monticules d'éruption, pareils à de grandes fourmilières. Suivant les diverses heures du jour, on voit l'ombre gigantesque de l'Etna, accompagnée, comme par une armée, des ombres de toutes les montagnes qui lui font cortége, diminuer lentement ou bien s'allonger peu à peu et se projeter au loin sur les plaines et sur la mer. Les nuages qui flottent dans l'étendue au-dessus de la cime du volcan modifient incessamment l'aspect de l'immense tableau : les uns s'effrangent aux cimes inférieures et se déroulent en écharpes transparentes, les autres s'amassent en lourdes assises et voilent, tantôt un groupe de montagnes, tantôt une région de la mer; parfois aussi, ils remontent les pentes de l'Etna sous forme de brouillard, puis, après avoir limité le champ de la vue à un horizon de quelques centaines de mètres, se déchirent pour laisser voir de nouveau l'espace illimité. D'ailleurs, rien de plus facile, même lorsque le temps est parfaitement clair, que d'être le témoin de cette transition soudaine. En se plaçant au milieu des épaisses fumerolles qui jaillissent le plus souvent de l'une des pointes du cône, on reste pendant quelques instants comme perdu dans la fumée d'une fournaise; puis, qu'une bouffée de vent emporte les vapeurs, et l'on revoit comme par magie les flancs de l'Etna, les côtes si gracieusement dessinées de la Sicile, et la mer, tellement rapprochée en apparence qu'on est tenté de faire un saut pour s'y plonger. »

Quelle que fût la magnificence de cette vue d'ensemble, embrassant un espace de plus de deux cents kilomètres de rayon, néanmoins, mon regard était toujours ramené vers le trou noir que je voyais fumer à une quarantaine de mètres plus bas, dans le fond du cratère. Ce puits a tout au plus une dizaine de mètres en largeur, mais il me suffisait de savoir que ses parois perpendiculaires descendent jusqu'à des profondeurs inconnues, jusqu'à l'abîme souterrain des laves, pour que je le contemplasse avec une admiration mêlée de frayeur. Presque transparents à leur issue du gouffre, à cause de la température élevée qui les pénétrait, les jets de vapeur se condensaient très-rapidement dans l'air froid et, se déroulant dans le cratère en épais tourbillons, prenaient aussitôt les proportion d'un nuage considérable. Celui-ci montait en colonne dans l'atmosphère tranquille jusqu'à une hauteur que d'en bas j'avais évaluée à 2000 mètres, puis, arrivant dans une zone de l'atmosphère où passait un courant dirigé vers le sud, se recourbait gracieusement et se déployait en écharpe sur toute la rondeur du ciel pour aller se confondre avec les brumes qui pesaient au loin sur la mer d'Afrique. Et cette immense nuée qui se développait dans l'espace comme une arcade

---

1. Qu'il me soit permis de reproduire ici une page empruntée à une étude scientifique sur le *Mont-Etna*, que j'ai publiée, il y a près d'un an, dans la *Revue des Deux Mondes*. Le tableau, tel que je l'ai vu, était assez beau pour que je ne tienne pas à me l'imaginer autrement.

entre deux continents, je la voyais presque sous mes pieds s'élancer de la terre, j'en entendais le souffle caverneux, comparable à la respiration d'un monstre; j'y distinguais parfois une lueur rougeâtre provenant de la réverbération des laves bouillonnant dans les profondeurs!

J'employai plus d'une heure et demie à faire le tour du cratère, qui pourtant n'a guère qu'un kilomètre de circonférence, et qui le cède de beaucoup en grandeur à celui de l'île éolienne de Volcano; mais je ne pouvais me lasser de la vue du gouffre et de l'étonnant contraste que présentaient les abruptes parois du cratère, rayées de rouge et de jaune d'or, et les plaines verdoyantes

déployées autour de la montagne. Du reste, aucun danger dans cette exploration. Le pas le plus difficile à franchir était la corne septentrionale, où de nombreuses fumerolles d'une haute température avaient fracturé le sol et réduit les scories en une sorte de bouillie chaude et gluante.

Les progrès du soleil nous avertissaient qu'il fallait songer à une prompte retraite. Suivi de mon compagnon boiteux, je descendis en courant la butte suprême du volcan; mais, à la base de ce cône, notre marche se ralentit bientôt, car nos pieds s'enfonçaient dans la neige ramollie par les rayons solaires. Au-dessus de la maison des Anglais, le brouillard nous

Cratère du Frumento. — Dessin de Camille Saglio d'après une photographie de M. Paul Berthier.

surprit, et je dus modestement me ranger derrière le guide auquel j'avais recommandé de me conduire dans l'une des villes qui se trouvent au pied de la montagne, du côté de l'occident. Lorsque nous sortîmes enfin du nuage qui rampait sur les pentes, nous avions déjà dépassé les champs de neige et nous traversions obliquement des bancs de scories et des lits de sable noir où se perdaient goutte à goutte les filets d'eau descendus des névés supérieurs. La vallée du Simeto, que j'avais contemplée du haut de l'Etna, m'apparaissait d'une manière beaucoup plus complète, et j'en distinguais nettement toutes les villes, tous les hameaux, toutes les maisons isolées. La rivière, parfaitement

immobile en apparence, déroulait ses anneaux bleuâtres autour des péninsules de la plaine. A gauche, je voyais se profiler ces beaux cônes d'éruption, en partie boisés, le Minardo, le Peluso, qui se dressent à mi-hauteur sur les flancs de l'Etna, et rompent si vigoureusement par leurs lignes hardies l'uniforme déclivité de la montagne. Malheureusement, les bûcherons sont à l'œuvre sur ce versant du mont, et dans quelques années les pentes qui regardent l'occident seront aussi nues que le sont aujourd'hui les déclivités méridionales.

J'aurais désiré prendre le sentier qui descend directement à la ville d'Adernò; mais le guide avait peut-être ses raisons pour me faire suivre une autre route, et c'est à cinq ou six kilomètres trop au sud qu'il me fit atteindre le grand chemin. N'ayant désormais plus aucun besoin de mon compagnon, je le congédiai, et tandis qu'il allait se reposer dans quelque grange, je continuai ma route vers la ville importante d'Aderno.

L'une des premières maisons était bien le gîte que je cherchais; mais à peine étais-je installé que la Renommée aux cent voix annonçait déjà, dans tous les carrefours, l'arrivée d'un « continental, » ayant un livre sous le bras, et sur le dos un havresac. Bientôt ma chambre est envahie par les carabiniers, on me somme d'exhiber mes papiers, on me fait subir divers interrogatoires, puis, comme je me révolte contre la trop grande indiscrétion de ces messieurs, on me constitue prisonnier sous la garde de deux estafiers, et les grands personnages d'Aderno se réunissent pour décider de mon sort. Enfin, quand on eût compté le nombre de ducats que j'avais dans mon portefeuille et soigneusement examiné le grimoire de mes cartes, il fut dûment établi que j'étais un honnête homme, et je reçus l'autorisation de manger et de dormir comme les autres mortels. Malheureusement je ne pus guère profiter de cette gracieuse permission, car mon sommeil fut bien des fois troublé par les puces et autres bestioles. Je me demandai souvent si ma nuit ne se serait pas écoulée d'une manière plus confortable dans la vieille tour de la prison,

Crevasse du Frumento. — Dessin de H. Clerget d'après une photographie de M. Paul Berthet.

pittoresque édifice normand que j'avais aperçu la veille aux rayons de la lune.

Le lendemain, je continuai mon voyage autour de l'Etna, mais au lieu de suivre la grande route qui se développe sur les pentes de la montagne à plusieurs centaines de mètres de hauteur au-dessus du Simeto, je descendis dans la vallée, afin de voir les défilés que la rivière s'est creusé à travers les courants de laves modernes. Suivant un charmant petit sentier qui remonte la vallée, je me trouvai bientôt devant l'un des plus grands monuments de la Sicile. C'est un pont-aqueduc qui mériterait à plus juste titre que la prétentieuse construction de San Leonardo d'être appelé il ponte par excellence. Il y a plus d'un siècle, l'aqueduc franchissait toute la vallée, porté sur de gigantesques arcades d'une hauteur uniforme, mais il ne put résister aux intempéries et aux tremblements de terre. Le prince qui possédait toutes les plaines avoisinantes le fit alors reconstruire en forme de syphon. L'eau recueillie à la base de l'Etna descend de l'escarpement oriental de la vallée par une pente très-rapide, puis coule au-dessus de la rivière sur un aqueduc horizontal d'une trentaine d'arcades et remonte par sa propre impulsion sur le versant opposé. A cette grande construction est accolé un pont de forme pyramidale, comme tous les anciens ponts de la Sicile.

En amont de cet aqueduc, appelé *ponte di Carcacci* ou *d'Aragona*, les bancs de lave qui forment les deux versants de la vallée se rapprochent graduellement et les eaux du Simeto se resserrent de plus en plus dans l'étroit passage qu'elles se sont elles-mêmes creusé. Toutefois elles n'ont point encore terminé leur œuvre d'érosion, puisqu'en deux endroits elles forment des cascades, spectacle bien rare en Sicile. A sa chute inférieure, la rivière se divise en plusieurs filets d'eau plongeant d'une assez grande hauteur, mais tellement étroits qu'une puce pourrait, dit-on, les franchir d'un bond : de là le nom de *Salto del Pulicello* ou Saut de la Puce. Plus haut, en amont d'un vieux pont très-pittoresque, le torrent, arrêté en 1610 par une coulée de lave, descendue de l'Etna, s'y est creusé une entaille au fond de laquelle on voit l'eau s'abattre de cascade en cascade. C'est là le *Salto del Pecoraro* ou Saut du Pâtre, ainsi nommé, suivant la tradition, d'un berger qui pour voir plus tôt son amoureuse, aurait eu l'habitude de bondir d'une rive à l'autre. Du reste, cet exploit ne me sembla pas des plus remarquables et j'eusse peut-être essayé de franchir le torrent de la même manière si je n'avais craint de glisser sur les rochers polis.

Du Salto del Pecoraro à la ville de Bronte, il faut traverser un désert de laves, les unes anciennes, les autres modernes, mais presque toutes rebelles à la culture : on ne voit guère, même sur les courants dont la surface est déjà délitée par les intempéries, que des lichens jaunâtres, quelques touffes d'herbes et des cactus. L'aspect général du paysage n'est pas moins désolé que ne l'est, de l'autre côté de l'Etna, celui du Val del Bove; mais il est loin d'être aussi grandiose, car on ne voit pas se dresser, autour de la mer figée des scories, les murailles d'un immense amphithéâtre, et même la cime fumante du volcan est presque partout dérobée à la vue par des contre-forts, de grands talus de cendres ou des chaos de débris entassés. Tous ces courants de lave noire ou rougeâtre qui se succèdent sur les versants de la montagne, comme autant de remparts parallèles, donnent à la nature environnante une formidable apparence de tristesse et de solennité.

Bronte, où l'on arrive enfin après une marche des plus fatigantes à travers les scories, porte encore à juste titre le nom d'un Cyclope, fils des Titans, qui forgeait le tonnerre. Des escarpements de lave sont de toutes parts suspendus au-dessus des maisons, de nombreux cônes d'éruption se dressent dans le voisinage, et sur le versant de l'Etna s'ouvre une longue dépression qui semble un lit tout préparé d'avance pour l'inondation de matières fondues qui se déversera sur Bronte. En dépit de la menace que le volcan fait peser incessamment sur la ville, celle-ci n'en est pas moins une importante cité; elle a un grand collége, des églises à coupoles, des entrepôts où l'on emmagasine d'excellents vins livrés ensuite au commerce anglais sous le nom de Marsala. Toutefois, est-il besoin de le dire, Bronte n'a que de bien tristes gîtes à offrir aux voyageurs. Hésitant entre deux auberges également sales,

je finis par entrer dans la « locande du Loup, » attiré par ce distique peint sur l'enseigne :

> « Ospite, non temer di lupo il tetto ;
> Trovi senza periglio agio e ricetto[1]. »

Malheureusement je m'aperçus trop tard que ces vers étaient une ironie atroce ; je fus bel et bien traité comme une brebis.

La plaine qui s'étend au-dessous de Bronte constitue avec les vallées avoisinantes un grand fief que Ferdinand de Naples avait conféré à Nelson, en reconnaissance de ce que celui-ci l'avait aidé à massacrer son peuple. La route qui contourne l'Etna s'élève par une pente rapide au-dessus de ces cultures et gagne bientôt les régions alpestres où l'on ne voit plus ni les oliviers, ni les vignes, mais seulement les champs de blé et les arbres de la végétation forestière. Le col par lequel on contourne l'angle nord-ouest de l'Etna n'a pas moins de mille mètres de hauteur. C'est de là que la grande montagne ressemble le plus à certaines cimes de l'Europe centrale. Si je n'avais aperçu au sommet du cône terminal la colonne ondoyante de vapeur, j'aurais pu croire que ces gracieux vallons ombragés de chênes et de châtaigniers, ces contre-forts arrondis où la blancheur des neiges se marie à la verdure des pins étaient ceux de quelque mont des Alpes ou des Pyrénées. La cité de Randazzo, dont les hautes murailles et les forts gardaient au moyen âge ce revers de l'Etna, semble également avoir été transportée de quelque contrée du nord sur le sol de la Sicile. L'aspect en est sombre et sévère, comme au temps des rois normands.

Ma dernière étape sur la grande route qui contourne l'Etna de Catane à Taormine fut la ville de Linguagrossa. Le cœur me battait en y entrant, non que cette localité eût des trésors d'art à me montrer ou que je dusse y rencontrer un ami, mais c'est là qu'il me fallait gravir les pentes du volcan pour aller contempler le fleuve de lave et les nuages de cendres qui s'échappaient encore du sein de la montagne. Déjà de Taormine j'avais pu distinguer la rouge lueur de l'éruption ; maintenant j'allais l'étudier de près, j'allais, pour la première fois de ma vie, suivre les bords d'un courant de lave encore en mouvement, voir la matière incandescente gonfler sa croûte de scories et s'épancher au dehors, assister à la tempête des vapeurs et des cendres qui jaillissent en sifflant des gouffres souterrains !

Les premières pentes de la montagne, du côté de Linguagrossa, n'offrent que des courants de laves anciennes et des champs de céréales ; mais quand on a dépassé les plus hautes maisons de ferme on atteint le charmant plateau de Donnevita où le sentier serpente, tantôt dans les prairies herbeuses, tantôt sous les grands pins et les chênes. Malheureusement, on rencontre de distance en distance les cabanes en planches de charbonniers et de bûcherons, qui sont maintenant à l'œuvre pour détruire la forêt et stériliser ainsi le versant septentrional de

---

1. « Étranger, ne redoute pas le toit du loup, — tu y trouveras sans péril confort et bon accueil. »

l'Etna. Bientôt, quand les arbres seront abattus, les herbes elles-mêmes seront emportées par les pluies, de profonds ravins se creuseront sur les pentes et la contrée prendra l'aspect d'un désert. Lorsque je passai, les spéculateurs qui s'étaient donné pour tâche de dépouiller l'Etna de ses forêts séculaires venaient à peine de commencer leur œuvre impie, les arbres au large branchage étaient toujours debout et les oiseaux, non dépossédés encore par la hache, chantaient joyeusement dans les rameaux. Dès que les premières lueurs de l'aube, pénétrant comme des flèches à travers le lacis des innombrables branches, eurent éveillé tout le monde ailé des oiseaux, l'allégresse fut grande, et comme si la forêt n'avait pas été condamnée à disparaître bientôt, un concert de gazouillements salua le jour.

De fréquentes détonations m'annonçaient déjà que j'approchais du théâtre de l'éruption. Soudain, à un détour du sentier, je vis une coulée de laves noires et fumantes encore, qui bornait la forêt comme la ruine d'un rempart énorme. C'était un bras du fleuve de matières fondues qu'avait vomies l'Etna. Les énormes scories, tordues et disloquées par la poussée intérieure des laves, se dressaient les unes au-dessus des autres en moraines de dix et quinze mètres de hauteur; des troncs d'arbre,

Vue d'une coulée de lave. — Dessin de Camille Baglio d'après une photographie de M. Paul Berthier.

les uns à demi carbonisés, les autres encore parés de leur branchage, étaient épars à la surface du courant qui les avait entraînés. Sur les bords de la coulée, des pins, qui semblaient n'avoir pas souffert de la proximité des matières en fusion, s'élevaient isolés ou par groupes et balançaient encore leur feuillage au-dessus des amas de pierres fumantes; quelques arbres, entourés pour ainsi dire d'un fourreau de laves, gardaient encore une apparence de vie, bien qu'un fleuve de feu se fût épanché autour de leurs racines. Une petite colline, portant un bosquet de pins sur ses pentes, dominait comme une île cette mer qui l'avait entourée de ses flots incandescents. La lave était encore chaude à la surface, mais je n'eus cependant aucune difficulté à gagner la colline insulaire en passant sur les scories solidifiées comme sur les glaçons d'un fleuve.

En remontant lentement le bord de la coulée j'arrivai au pied d'un escarpement de laves où la poussée des matières en fusion se produisait encore avec intensité. La croûte figée se soulevait çà et là, puis se brisait avec un cliquetis métallique, tandis que la masse éblouissante de l'intérieur s'échappait au dehors comme le fer sortant de la fournaise. Non loin de là j'apercevais un ancien cône d'éruption boisé où, suivant mon guide, deux *lordi inglesi* s'étaient installés quelques semaines auparavant, afin de prendre des vues photographiques de l'éruption. Ces *lordi inglesi* étaient probablement M. Fouqué, le savant chimiste français, et son compagnon M. Berthier, auquel nous devons les belles photographies du phénomène grandiose reproduites ici par la gravure.

Arrivé au pied des anciens cratères appelés Due Monti, je vis enfin les monticules tonnants qui s'étaient graduellement élevés à près de cent mètres de hauteur au-dessus de la crevasse du volcan. J'ai déjà décrit ailleurs l'ensemble des phénomènes tels qu'ils se présen-

tèrent à moi : « Le cône d'éruption le plus élevé ne lance plus ni scories ni cendres; la cheminée du cratère est comblée de débris, et l'activité intérieure ne se révèle plus que par les vapeurs sulfureuses ou chargées d'acide chlorhydrique qui s'élèvent en fumée des talus du monticule. Le deuxième cône, situé sur une partie plus basse de la crevasse, est encore en communication directe avec le foyer des laves; mais il ne tonne pas constamment,

Arbres engloutis momentanément dans la lave. — Dessin de Camille Saglio d'après une photographie de M. Paul Berthier.

et se repose après chaque effort comme pour reprendre haleine. Un fracas semblable à celui de la foudre annonce l'explosion; des nuages de vapeur aux énormes replis tout gris de cendres et rayés de pierres décrivant leur parabole, s'élancent hors de la bouche du volcan, noircissent un instant l'atmosphère, laissent tomber leurs projectiles dans un rayon de plusieurs centaines de mètres autour du monticule, puis déchargés de leur fardeau de débris, s'inclinent sous la pression du vent

qui passe et vont au loin se confondre avec les nuées de l'horizon. Quant aux cônes inférieurs qui se dressent immédiatement au-dessus de la source de laves, ils ne cessent de mugir et de lancer des matières fondues en dehors de leurs gouffres. Les vapeurs qui jaillissent du puits bouillonnant se pressent et se tordent à l'orifice des cratères; les unes sont rouges ou jaunâtres à cause du reflet des matières incandescentes, les autres sont diversement nuancées par les traînées de débris projetés,

Châtaignier dit les Cent-Chevaux. — Dessin de H. Clerget d'après une photographie de M. Paul Berthier.

mais on ne peut les suivre du regard, tant elles s'enfuient rapidement. Un tumulte incompréhensible de voix stridentes s'échappe du sol : ce sont comme des bruits de scies, de sifflets et d'innombrables marteaux retombant sur l'enclume; on dirait le mugissement des vagues se brisant sur les rochers en un jour de tempête, si les explosions soudaines n'ajoutaient de temps en temps leur tonnerre à tout ce fracas des éléments. On se sent effrayé, comme devant un être vivant, à la vue de ce groupe de collines qui bruissent et qui fument, et dont les cônes grandissent incessamment des débris projetés de l'intérieur de la terre. » (*Revue des Deux-Mondes.*)

Me trouvant à la base occidentale des cônes de débris, il ne m'était pas difficile de gravir les plus élevés d'entre eux, car le vent soufflait avec assez de violence dans la direction du nord-est et reployait de ce côté les nuages de vapeurs et de cendres. Seulement il me fallait marcher vite, car le sol fumant avait encore une haute température. C'est donc en courant à grandes enjambées que je pus me rendre compte de l'aspect général des monticules. Leurs talus noirâtres étaient revêtus çà et là d'efflorescences d'un jaune d'or ou d'une blancheur de neige qui n'étaient autres que du soufre, du muriate d'ammoniaque et du sel marin déposés par les vapeurs. Autour des cônes d'éruption, le sol était couvert de cendres que le vent avait distribuées en forme de dunes. Les arbres les plus rapprochés avaient pris l'apparence de pieux plantés dans le sable, la partie inférieure de leur tronc était enfouie, leur tête était découronnée ou même complétement rompue, quelques-uns, déjà brûlés à la base, étaient diversement inclinés sur la plaine de cendres. Au sud, une dépression très-visible et de larges fissures du sol se montrant en plusieurs endroits sur la longue pente du Monte-Frumento, indiquaient la crevasse d'où pendant la nuit du 30 au 31 janvier 1865 s'était échappé le premier torrent de lave. Cette inondation de matière fondues, s'abattant soudainement sur la forêt, avait rasé des milliers d'arbres, cependant quelques troncs solides avaient résisté et portaient même en témoignage de leur victoire des morceaux de lave collés à leur écorce. Sur l'endroit où passa le fleuve de feu, M. Fouqué a découvert un pin dont le tronc avait pour gaine, à une dizaine de mètres au-dessus du sol, une grosse scorie évidemment apportée par le courant issu du Frumento. Un gastronome comparerait cette pierre à un gigot embroché.

Je passai une grande partie de la journée au pied de ces monticules innommés, auxquels on devrait désormais en bonne justice donner les noms des savants qui les ont étudiés, Fouqué, Silvestri, Viotti, Grassi ; puis je descendis avec lenteur en longeant la rive orientale du courant de lave, jusqu'au bord du précipice de Cola Vecchia, du haut duquel une cataracte de pierres et de matières incandescentes avait plongé quelques jours après la rupture des flancs de la montagne. Non loin de là se trouve une maison de ferme où mon guide me fit recevoir en hôte. La seule perte que j'avais eu à subir pendant mon excursion était celle de mon chapeau, qu'avaient percé de petits débris encore brûlants, lancés par les cratères.

La route que j'avais à suivre le lendemain pour aller visiter la grande *cheire* de Zaffarana, sortie en 1852 du Val del Bove, passe à une faible distance du fameux châtaignier des Cent-Chevaux. Cet arbre gigantesque n'est plus ce qu'il était au dernier siècle, ce n'est pas même un arbre, mais un groupe de trois fûts, dont les deux plus considérables sont déjà complétement rongés au cœur. Ayant encore dans les yeux les gravures qui représentent le colosse du monde végétal, tel qu'il fut autrefois, je le cherchais des yeux dans le lointain, lorsque déjà je me trouvais à l'endroit où s'élevait jadis la partie centrale de l'arbre. Là passe maintenant un chemin creux que les eaux d'orage approfondissent chaque année aux dépens des racines. De leur côté, les paysans travaillent de leur mieux à la destruction des troncs qui restent encore : ils en carbonisent la base en y allumant du feu, ils en évident l'intérieur à coups de hache pour ménager un plus vaste asile à leurs brebis. Deux autres débris du grand tronc qui existaient encore, il y a quinze ans, ont entièrement disparu, et l'on distingue avec peine l'emplacement où ils s'élevaient naguères. Au temps de sa gloire, le châtaignier de Cent-Chevaux n'avait pas moins de 60 mètres de tour. Le superbe châtaignier de la Nave, que l'on voit à une faible distance au nord, a seulement 18 mètres de circonférence; mais il n'est pas encore rongé par la vieillesse, et ses rameaux énormes vont se projeter au loin pour s'entremêler au branchage d'un autre arbre, à peine moins gigantesque. D'ailleurs, ceux qui n'admirent pas uniquement les arbres à cause de leur énorme diamètre ou de leur grand âge trouveront sur ce même versant de l'Etna, des milliers de châtaigniers, de chênes et de trembles, qui sont vraiment superbes par la beauté de leur tronc, la pureté de leur écorce, la grâce ou la noblesse de leur port. Bien que les sources jaillissantes soient rares et pauvres, le terreau noir est tenu constamment humide par les infiltrations des neiges, et le bois des arbres peut se gonfler de séve.

Zaffarana, ma seconde étape sur le versant oriental de l'Etna, est un grand village situé à l'extrémité inférieure de la coulée de lave qui sortit en 1852 du Val del Bove, et qui, seule dans l'histoire contemporaine du volcan, peut être comparée à l'éruption du Monte Frumento. Aussi ne pouvais-je manquer d'explorer ce courant, d'autant plus que c'était pour moi une occasion de revoir ce gouffre du Val del Bove, que j'avais déjà contemplé des hauteurs neigeuses de la montagne. Je parvins même à faire partager mon zèle à un élégant citadin catanais qui se trouvait à Zaffarana pour je ne sais quelles affaires d'intérêt. Le brave homme était né à l'ombre de l'Etna, il en avait toujours vu la blanche fumée planer dans les airs, et cependant il n'avait jamais eu l'idée de le gravir, ou même de visiter un seul des petits cônes d'éruption parsemés sur les flancs du mont. Je lui fis honte de son indifférence, et le soir, lorsque nous nous souhaitâmes réciproquement une

Châtaignier de la Nave. — Dessin de H. Clerget d'après une photographie de M. Paul Berthier.

bonne nuit, mon camarade était bien décidé à prendre des forces pour l'excursion du lendemain.

En effet, nous sommes prêts à l'heure convenue et nous nous mettons bravement en marche. Tout alla bien tant que nous n'eûmes point dépassé la zone des jardins de Zaffarana ; mais au delà d'un cirque pierreux, que dominent d'un côté des escarpements difficiles à gravir, et de l'autre le rempart de scories de la grande éruption, je m'aperçus que mon ami le Catanais commençait à douter de son courage. Il faisait chaud, pas un souffle d'air ne pénétrait dans l'espèce de puits où nous venions de pénétrer. Cependant l'apprenti touriste fit quelques tentatives infructueuses pour escalader un premier talus en s'accrochant aux broussailles ; mais cette première épreuve lui parut suffisante, il surmonta le sentiment de honte qui le rete-

nait encore à mon côté, et me souhaitant bonne chance, il reprit le chemin de Zaffarana.

L'ascension du promontoire qui forme la paroi méridionale du Val del Bove est en effet très-pénible ; mais combien on se trouve récompensé de sa fatigue lorsqu'on arrive au sommet de l'escarpement ! Le cône terminal du volcan apparaît dans sa gloire, projetant comme deux grands bras les parois du Val del Bove, rayées alternativement de noir et de blanc par les murs de lave et par les avalanches de neige On voit s'étendre au loin la vaste plaine de scories dont la superficie n'est pas moindre de 25 kilomètres carrés ; du sein de cette mer s'élèvent çà et là comme des îlots des roches isolées, et les cratères à la base desquels commença l'éruption de 1852. Ce grand courant, qui tranche parfaitement sur les laves plus anciennes par sa ressemblance avec

Pont d'Aragona. — Dessin de H. Clerget d'après un croquis de M. E. Reclus.

un fleuve de fer, s'étale d'abord largement dans le cirque, puis se divise en trois coulées partielles, dont les deux principales vont se rejoindre plus loin dans les campagnes de Milo et de Zaffarana. Le bras méridional plonge par une énorme cataracte dans le petit bassin fermé du Val de Calanna, où se montrent quelques lambeaux de pâturages. Il est, dans la région etnéenne, peu de spectacles plus surprenants que cette chute de laves noirâtres tombant d'une hauteur de 120 mètres, et dominée par un grand rocher dressé au milieu du courant comme le rocher du Niagara. La coulée de 1852, l'une des plus considérables qui soient issues des flancs de l'Etna dans les temps modernes, est aussi l'une de celles qui ont causé le plus de dommages, car toute sa partie inférieure recouvrit des campagnes qui comptaient parmi les mieux cultivées de la Sicile. En outre, des vergers et des vignobles situés au-dessous des laves les plus

avancées de l'éruption, furent desséchés subitement, comme si le souffle d'un incendie eût brûlé leur feuillage. Pour expliquer ce curieux phénomène, il faut admettre que certains filets du grand fleuve de laves furent injectés à travers les fissures du sol, et remplirent quelque cavité de la montagne au-dessous des vergers détruits : les racines étant privées de l'humidité nécessaire, les arbres durent périr.

De retour à Zaffarana, je n'avais plus qu'à longer la base d'un beau cône d'éruption entouré de maisons de campagne pour atteindre le village de Via-Grande, où j'avais commencé le tour de l'Etna. Bientôt après, je rentrais dans Aci-Reale, et le lendemain, j'arrivais à Catane après avoir revu avec joie les îles des Cyclopes et le château d'Aci-Castello.

Élisée RECLUS.

(La fin à la prochaine livraison.)

Aci-Castello. — Dessin de Saglio d'après une photographie de M. Paul Berthier.

LA SICILE ET L'ÉRUPTION DE L'ETNA EN 1865.

RÉCIT DE VOYAGE PAR M. ÉLISÉE RECLUS.

TEXTE ET DESSINS INÉDITS.

CATANE, CENTORBI, AGOSTA, SYRACUSE.

Amabilité des Catanais. — Beauté de la ville. — L'église de San Benedetto, la cathédrale et le voile de sainte Agathe. — Le fleuve Amenano. — Commerce de Catane. — Les charrettes historiées. — Centorbi et les mines de soufre. — Vue de l'Etna. — Le cap Santa Croce. — Un golfe de la Grèce. — Agosta et les galériens. — Presqu'île de Magnisi. — Le promontoire de Panagia. — L'île d'Ortygie et ses deux ports. — Le temple de Minerve. — La Fontaine d'Aréthuse. — Les Catacombes. — L'Intagliatella et les prisonniers athéniens. — L'Oreille de Denys. — L'autel, l'amphithéâtre romain et le théâtre grec. — La voie des tombeaux. — Le plateau d'Epipole et le fort d'Euryalus. — La fontaine de Cyane. — Mes adieux à la Sicile.

Les Catanais se vantent d'être les plus aimables des Siciliens, et, si je dois en juger par ma propre expérience, je suis fort porté à croire qu'ils ont raison. J'ai rarement vu gens plus serviables, plus avenants, plus désireux d'acquérir une bonne renommée de complaisance et d'hospitalité. En qualité d'étranger, j'étais reçu partout avec une extrême obligeance, je trouvais toutes les portes ouvertes devant moi. A peine étais-je à Catane depuis vingt-quatre heures, que déjà quelques personnes m'avaient arrangé une petite vie très-agréable en mettant obligeamment à ma disposition leurs livres, leurs journaux et surtout leur temps et leur conversation. D'où vient cette amabilité proverbiale des habitants de Catane? Je l'ignore : quoi qu'il en soit, les Catanais sont fiers de leur bonne réputation et cherchent d'autant plus à la mériter. Il semblerait qu'ils sont aussi moins jaloux que les Palermitains, car leurs femmes et leurs filles ne craignent point de se hasarder dans les rues, la tête à demi cachée par une gracieuse mantille de soie noire, rattachée au-dessous du bras droit. De loin,

1. Suite et fin. — Voy. pages 353, 369 et 385.

XIII. — 339e LIV.

toutes les femmes sont belles sous ce charmant costume.

Même au point de vue de l'architecture, la ville est l'une des plus agréables de la Sicile. Les rues sont larges et bien percées. Les maisons, construites dans le style prétentieux du dix-septième siècle, produisent néanmoins un assez bel effet à cause de leurs formes régulières, de leurs couleurs éclatantes, et des longues perspectives de leurs lignes. De beaux jardins décorent la ville. Du côté méridional de Catane se développe, il est vrai, comme un sinistre rempart, le grand courant des laves noires ou rougeâtres de 1669, n'offrant guère pour toute végétation que des cactus épineux, au fouillis de palettes rondes brillant d'un éclat métallique; mais à l'ouest et au nord, les bosquets d'orangers, les vergers d'arbres à fruit, les jardins d'arbustes exotiques au beau feuillage ou à l'odeur pénétrante, forment à la ville une ceinture de verdure et de parfums. De toutes parts, se dressent, au-dessus des branches, de hautes tourelles revêtues de pariétaires et d'autres plantes grimpantes : ce sont les châteaux d'eau rustiques construits sur les aqueducs, où coulent souterrainement les ruisselets descendus de l'Etna. Toutefois, ce qui fait la grande beauté de Catane, ce ne sont ni les bosquets, ni les jardins, c'est la double cime bleuâtre du volcan que l'on voit fumer au-dessus des longues pentes, verdoyantes à la base, et neigeuses dans les hauteurs. De la grande rue qui traverse toute la ville de Catane, des murailles du port à la place Gioenia, située à 3 kilomètres sur le versant de la montagne, on contemple un spectacle qui n'a pas d'égal en Europe. Il faudrait se rendre jusque dans les Andes de l'Amérique tropicale pour retrouver un pareil tableau.

Catane n'a pas de monuments qui vaillent sérieusement la peine d'être visités. L'ancien théâtre romain, dont les matériaux ont en grande partie servi à la construction de la cathédrale, n'offre d'intérêt que pour les archéologues; l'amphithéâtre est enfoui presque en entier sous les laves, et l'on doit y pénétrer comme dans une grotte. Quant aux cent trois églises, il n'en est aucune qui soit d'un beau style, si ce n'est Santo Carcere, dont le portail roman est fort remarquable. Toutes les autres, petites chapelles ornées de simples clochetons aussi bien que vastes nefs surmontées de coupoles, sont également chargées de sculptures lourdes et maniérées. L'église la plus curieuse est, sans doute, celle de San Benedetto, qui fait partie d'un couvent d'énormes dimensions où des employés du gouvernement, ainsi que des officiers et des soldats de la garnison, se sont installés côte à côte avec les moines. La façade de l'église est encore inachevée; mais elle en est d'autant plus intéressante à voir avec ses grands fûts de colonnes qui portent des touffes d'herbes et de fleurs à la place de chapiteaux. La nef, la plus grande de toute la Sicile, n'a pas moins de cent soixante-six mètres de long sur quatre-vingts mètres de large; l'orgue puissant, qui doit emplir de sa voix cette étendue, a près de trois mille tuyaux. Sur le pavé de l'immense salle presque nue, « l'insigne astronome »

Sartorius, « dynaste » de Waltershausen, et son compagnon le docteur Peters, ont tracé une ligne méridienne et gravé en lettres de marbre leurs observations relatives à la météorologie et à l'altitude de Catane, de Nicolosi et de l'Etna.

La cathédrale, qui s'élève à une petite distance du port, est un édifice d'apparence moins profane, et ses chapelles, peintes à la fresque, sont toutes remplies d'autels, de statues et de reliquaires. C'est là que l'on conserve le fameux voile de sainte Agathe, devenu le *palladium* de Catane. Jadis la cathédrale était consacrée à la sainte Vierge; mais lors de la terrible éruption de 1669, qui dévora une partie de la ville, et plus tard, en 1693, pendant un tremblement de terre, les Catanais, jugeant que sainte Agathe s'était montrée leur meilleure patronne, débaptisèrent la cathédrale. En effet, si nous en croyons l'auteur du *Mongibello descritto*, don Pietro Carrera, le voile de sainte Agathe a toujours suffi pour mettre en fuite l'armée des cyclopes.

« A la vue de la bannière sacrée, — le fleuve rapide des laves s'est arrêté ; — il s'est converti en pierre — que foulent les pieds nus, et où sont enfermés — les esprits et les monstres vaincus. — C'est ici que le Mongibello fut écrasé, — ici que s'éteignirent les flammes — et que triompha le valeureux étendard — de l'amazone céleste. — Depuis, l'Etna, tout couvert de honte, — s'est voilé sous une épaisse nuée, — soit pour cacher la vile retraite des siens, — soit pour s'épargner la vue — des glorieux soldats de Catane. »

Non loin de la cathédrale, jaillit du sol une belle source d'eau claire qui fut, bien avant sainte Agathe, l'une des divinités protectrices de la ville : c'est l'antique Amenanus, que les bas-reliefs et les médailles nous représentent sous les traits d'un jeune homme à la figure naïve, aux cheveux entourés d'une guirlande de fleurs. Recouvert jusqu'à une faible distance de l'embouchure par les laves de 1669, l'ancien « fleuve » révéré par les Grecs de Catania s'épanche aujourd'hui en une nappe transparente dans un bassin de la place du Dôme, puis coule au-dessous des anciennes murailles et reparaît à la lumière pour arroser de son eau pure les racines de quelques saules pleureurs dans la gracieuse *Flora* du quai. De beaux massifs de verdure, des cygnes nageant avec paresse entre deux rives fleuries, voilà tout ce que reflète l'Amenano dans son cours d'une centaine de mètres; puis il se mêle aux flots du port en s'étalant sur une large grève de cailloux. Plusieurs autres ruisseaux, semblables au « fleuve » Amenano, sont encore engloutis sous les laves de Catane, et l'on désigne même l'endroit précis où les travaux d'excavation les feront découvrir un jour.

Le port de Catane est loin de répondre aux besoins du commerce local. En effet, cette ville, sans être aussi considérable que Palerme ou Messine, est néanmoins le chef-lieu et le débouché de la région la plus industrieuse et la plus peuplée de toute la Sicile. Près d'un demi-million d'habitants, dont trois cent mille environ domiciliés sur les flancs de l'Etna, reconnaissent Catane

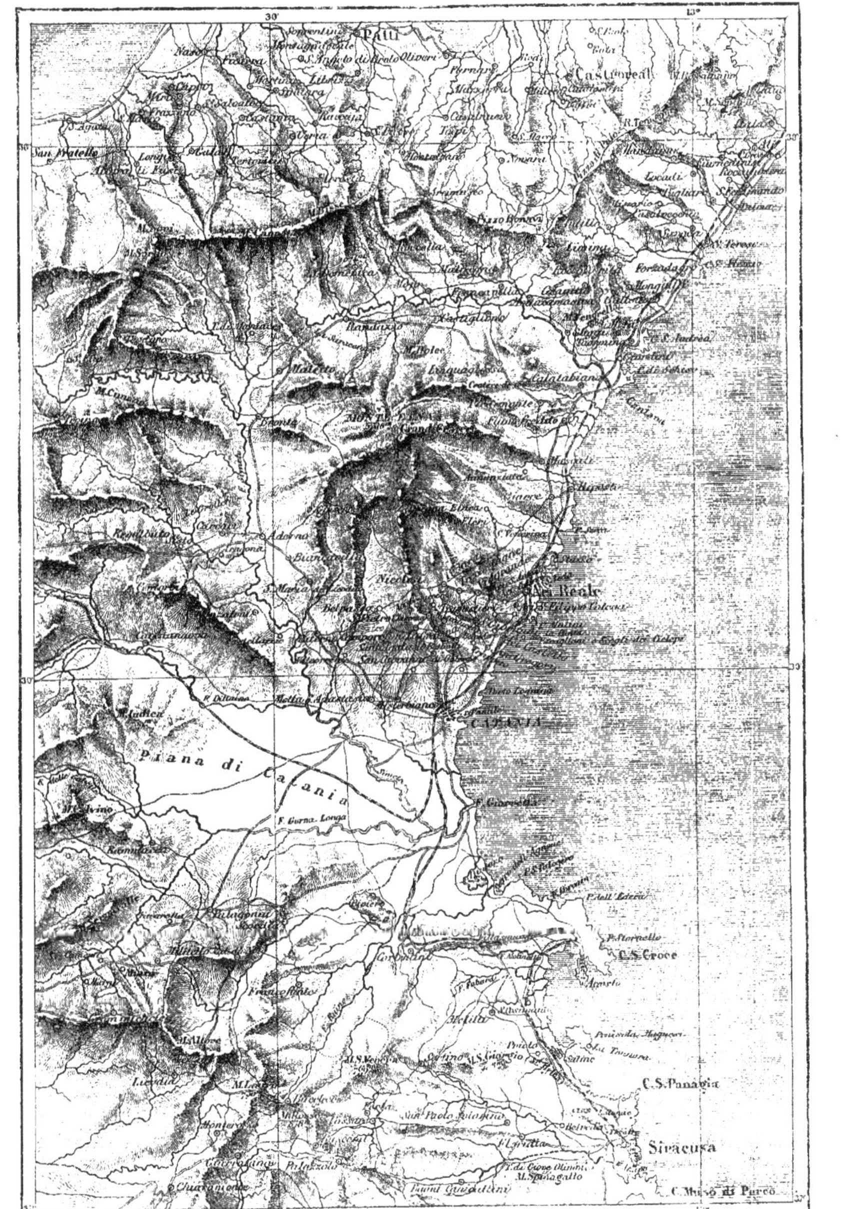

Côtes orientales de la Sicile.

comme leur métropole et communiquent par cette ville avec le monde extérieur. Les denrées des campagnes environnantes, vins, oranges, froment, coton, sumac, sont toutes d'une excellente qualité, et bientôt le drainage et la mise en culture de la grande plaine, aujourd'hui marécageuse, qui s'étend au sud de Catane, à l'embouchure du Simeto et de la Gurna Lunga, accroîtra d'une manière considérable la quantité de ces divers produits d'exportation.

Ce n'est pas tout. Dans un avenir prochain, Catane deviendra le centre du réseau des chemins de fer siciliens : c'est là que s'opérera la jonction des voies ferrées de Messine, de Palerme, de Syracuse, et, par conséquent, c'est là que sera, pour toute la Sicile, le centre du mouvement des voyageurs et du trafic des marchandises. Actuellement, Catane est déjà la ville où les routes carrossables se réunissent en plus grand nombre, et parmi ces routes, l'une est la plus importante de l'île

entière, puisqu'elle la traverse de part en part, de la mer d'Ionie au golfe de Palerme. Il est vrai que ce chemin national est aujourd'hui presque entièrement délaissé à cause des plus grandes facilités qu'offre la voie de mer. Dans l'année, à peine trois ou quatre cents personnes se rendent-elles directement par terre de Catane à Palerme ; mais, lorsque le trajet entier pourra se faire en quelques heures, le courant du trafic changera soudain et la plupart des voyageurs préféreront certainement ne pas s'exposer aux chances du mal de mer.

Les diverses routes carrossables qui rayonnent autour de Catane vers les petites villes des environs, Lentini, Caltagirone, Paternò, Adernò, et vers toutes les bourgades de la région etnéenne, ont donné une activité relativement assez grande à la construction des véhicules de toute espèce. C'est donc à Catane que l'on peut le plus facilement établir, au point de vue artistique, une comparaison entre ces voitures, car dans ce

Syracuse. — Dessin de E. Therond d'après une photographie de MM. Sommer et Behles.

pays les tombereaux et les charrettes ne sont pas, comme en France, de simples assemblages de planches, ce sont aussi, dans une certaine mesure, des œuvres d'art. La caisse du véhicule repose sur un essieu en fer ouvragé qui se recourbe et s'enroule en gracieuses arabesques. Chacune des parois extérieures de la charrette est divisée en deux compartiments formant tableaux. Le jaune d'or, le rouge cru et autres couleurs vives dominent dans ces peintures qui parfois ne manquent pas de style. Ce sont pour la plupart des scènes religieuses, tantôt l'histoire de Jésus-Christ ou de sa mère, tantôt celle des patrons les plus honorés des Siciliens, tels que Jean-Baptiste, sainte Rosalie, sainte Agathe ou Geneviève de Brabant. Quelquefois l'histoire profane ou même des scènes d'amour se hasardent aussi sur les panneaux des charrettes ; peu à peu les peintures traditionnelles font place à d'autres tableaux qui laissent plus de liberté au génie spontané de l'artiste. L'esprit moderne fait son

apparition dans ce recoin méprisé du grand domaine des arts ; mais bientôt, les wagons de chemins de fer, les voitures à la mode de Paris et les chariots de ferme construits sur le type anglais auront remplacé les chars siciliens aux peintures éclatantes.

Je ne pouvais quitter la région de Catane sans aller visiter les mines de soufre de Centorbi, les plus rapprochées de la base de l'Etna. La première partie du trajet s'accomplit dans une de ces carioles disloquées où de nombreux voyageurs entassés pêle-mêle tâchent de s'entrevoir à travers un nuage de poussière. La vue du paysage est fort belle en certains endroits, notamment sur les hauteurs de Misterbianco, mais je n'en fus pas moins très-heureux lorsque j'arrivai au terme de ma première étape, dans cette ville d'Adernò où j'avais fait connaissance avec les gendarmes siciliens.

Adernò est située, à l'angle sud-est de l'Etna, sur une haute terrasse de laves qui se termine, du côté de la

Catane. — Dessin de E. Thérond d'après une photographie de M. Paul Berthier.

rivière Simeto, par des escarpements abrupts. De cet observatoire on voit se développer à l'ouest l'amphi-théâtre des montagnes Neptuniennes, dont les flancs dénudés et rocailleux contrastent d'une manière si tran-chée avec les pentes douces de l'Etna, où la végétation la plus riche se déploie entre les amas rougeâtres des scories. Sur la plus haute de ces pointes calcaires des monts Neptuniens se profile en plein ciel la ville de Centorbi, semblable à une dentelure de rocher. C'est à cette aire d'aigle, où niche toute une population, qu'il me fallait monter d'abord.

La plaine que domine le promontoire d'Adernò est revêtue dans toute sa largeur d'un banc de lave, à tra-vers lequel le Simeto et son affluent le Salso se sont creusé leurs lits. Un pont traverse le premier de ces cours d'eau, mais il me fallut passer à gué le Salso, en me heurtant les pieds aux débris d'un pont emporté par une crue, il y a quelques années. C'est immédiatement au delà que commencent les escarpements de Centorbi. Pour gagner la ville, dont on aperçoit les tours à un kilomètre au-dessus de sa tête, il faut suivre une route qui se développe en longs rubans sur les contre-forts de la montagne, ou bien gravir la rampe par un sentier au-quel on a donné le nom bien mérité de Scalazza, et qui serpente dans un étroit ravin coupé de précipices. L'as-cension dure près de deux heures, et pourtant les habi-tants de Centorbi qui cultivent les campagnes situées à la base des monts sont obligés de descendre et de remonter tous les jours cet interminable escalier. Que de temps perdu dans la vie de chaque homme et dans celle des générations successives, à cause de la demeure que les terribles nécessités de la guerre les avaient forcés de choisir! Comment la civilisation aurait-elle pu se développer, comment les hommes auraient-ils pu s'unir pour former une société paisible, alors que chaque groupe d'habitations était un château fort sus-pendu dans les airs? Adernò et Centorbi, se dressant chacune sur son rocher, se contemplent par-dessus la vallée du Simeto. Les nuages qui vont de l'une à l'autre cime, parcourent cet espace en quelques minutes, et du haut du promontoire de Centorbi l'on peut même respirer la senteur des jardins de la ville opposée; mais pour franchir la distance qui sépare les deux localités, il ne faut pas moins de temps que pour se rendre de Paris aux frontières de la Belgique ou sur les bords de la Manche.

Même en Sicile, où tant de villes sont perchées au sommet d'une montagne, il n'en est pas une seule qui puisse être comparée à Centorbi pour la singularité du mode de construction. La cité tout entière se compose de deux longues ruelles disposées en forme de croissants accouplés et tournant leur convexité l'une vers l'autre. Ces deux ruelles ne sont autre chose que d'étroites arêtes entre deux pentes abruptes et les maisons qui les bor-dent sont en partie construites sur le précipice : du côté de la voie publique, les maisons n'ont pour la plupart qu'un rez-de-chaussée, tandis que du côté de l'abîme, elles se dressent à de grandes hauteurs au-dessus de

murs de soutènement à voûtes et à meurtrières. Une des cornes du double croissant, tournée vers le sud-est, porte à son extrémité une vieille ruine pittoresque autour de laquelle les Centorbitains ont ménagé une plate-forme circulaire. Ce belvédère, d'où l'on voit dans toute sa magnificence le magnifique pays que domine la masse grandiose de l'Etna, de Catane à Syracuse, est connu sous le nom de palais de Conrad, mais ce fut sans doute un édifice romain. D'ailleurs, les Sicules avaient occupé déjà depuis des siècles la ville de *Centuripæ*, lorsque les Romains s'en emparèrent pour en faire l'une de leurs principales forteresses en Sicile. Au treizième siècle, un empereur allemand rasa Centorbi et en établit de force les habitants sur le bord de la mer; toutefois, une nouvelle cité se reconstruisit peu à peu sur cette double arête de montagne. Actuellement la population de la ville aérienne n'est pas moindre de 6500 indi-vidus : quant aux habitants de l'espèce porcine, ils sont aussi bien nombreux et la ville n'y gagne pas en propreté. Quoique balayés par le souffle de tous les vents, cer-tains quartiers de Centorbi sont vraiment inabordables.

Après avoir fait une longue halte sur les murailles croulantes du palais de Conrad, je descendis en courant la partie la plus rapide du sentier qui se dirige vers les mines de soufre du baron Sesto. Entre les roches blan-ches qui percent le sol çà et là, la terre est partout cul-tivée avec soin; mais je ne voyais de maison nulle part : tous les agriculteurs sont des bourgeois qui rentrent cha-que soir à la manière antique dans l'enceinte de la cité. Les vastes champs de céréales qui remplissent les val-lons et recouvrent les pentes doivent à cette absence d'habitations humaines un caractère tout spécial de tristesse et de solennité : on dirait que l'homme vient d'être arraché à ses cultures et que personne ne viendra recueillir le froment germant dans les sillons.

Les fourneaux et les constructions diverses de la mine de soufre sont les premiers bâtiments que l'on rencontre au sud de Centorbi. Ils sont situés à plus d'une lieue de la ville, dans un étroit vallon rocheux tout encombré de pierres extraites du sein de la montagne. Sans perdre de temps, je m'adressai à l'ingénieur qui dirige les tra-vaux d'exploitation; celui-ci se mit aussitôt à ma dispo-sition avec la plus grande obligeance et voulut me con-duire lui-même dans les galeries de la mine.

Je devais lui en savoir gré, car nous étions au moment le plus chaud de la journée, et tous les tra-vailleurs se reposaient couchés sous les hangars. Les rayons du soleil tombaient à pic dans le vallon et se reflétaient sur les pierres blanchâtres. La principale entrée des galeries étant justement tournée vers le midi, la chaleur solaire qui s'y engouffrait plongeait ainsi jus-que dans les profondeurs de la mine. Une forte odeur d'hydrogène sulfuré s'échappait de la bouche de ce puits et nous saisissait à la gorge. A peine étais-je entré dans cette cavité à l'atmosphère étouffante que je haletai pé-niblement pour respirer, et que mon visage se couvrit de sueur. Pendant quelques moments je craignis de ne pouvoir avancer.

Les galeries de la mine de Centorbi ressemblent à la plupart des excavations de même nature pratiquées latéralement dans le flanc des montagnes. Les voûtes sont basses et taillées d'une manière inégale; de lourds piliers, grossièrement arrondis par le pic, soutiennent le plafond; de vagues lueurs, qui paraissent et disparaissent avec le reflet vacillant des lampes, jaillissent çà et là de la profondeur des ombres; on entrevoit un instant des avenues qui semblent infinies, puis ces longues perspectives s'évanouissent en un clin d'œil et le regard cherche vainement à sonder les ténèbres : on entend des bruits étranges, des hoquets, des soupirs provenant de la réverbération lointaine des échos. L'humidité suinte des parois, des gouttelettes tombent de la voûte et retentissent sur le sol, l'eau se mélange à la terre du chemin et la change en une boue gluante et tenace. En certains endroits, les filets d'eau se réunissent en assez grande abondance pour former de véritables ruisseaux sulfureux et fumants, qui pourraient facilement alimenter les baignoires et les piscines d'un immense établissement de bains comme ceux de Barèges et de Cauterets. Toutefois ces sources ne sont point exploitées, si ce n'est pour fournir tous les ans quelques litres d'eau sulfureuse au propriétaire lui-même. Actuellement toute cette surabondance de liquide, qui serait ailleurs une si grande richesse, est pour la mine de Centorbi le principal danger, car si les pompes d'épuisement ne fonctionnaient pas sans relâche, l'eau finirait bientôt par noyer l'immense labyrinthe des galeries. Quatre malheureux geindres, couverts seulement d'un pagne comme les insulaires de l'Océanie, et cependant tout ruisselants de sueur, tournent incessamment les manivelles des pompes. Pendant huit longues heures, ces hommes, chez lesquels toute intelligence, tout effort vital se portent nécessairement vers les bras, ne sont autre chose que les appendices musculaires de l'implacable machine. Celle-ci tourne, tourne sans cesse et soulève sans jamais s'arrêter les eaux qui résonnent dans les tubes de métal : c'est elle seule qui semble vivre, et les athlètes qui s'y succèdent de huit heures en huit heures n'en sont que de simples rouages : loin de dominer la machine qu'ils mettent en branle, ils lui sont asservis.

La proportion de soufre contenue dans les veines de la mine de Centorbi est d'environ six pour cent. Cette teneur est relativement faible, et cependant elle est suffisante pour que l'on puisse facilement allumer les parois de la mine et les faire bouillir comme de la poix, simplement en mettant la flamme d'une lampe en contact avec la pierre. Du reste, c'est de la même manière que l'on procède en grand pour obtenir le soufre. Des blocs extraits de la mine sont d'abord entassés en plein air, et subissent ainsi pendant un temps plus ou moins long l'action destructive de toutes les intempéries, puis on les dispose en tas sur la flamme des fourneaux. La pierre se délite et le soufre fondu descend dans les moules préparés pour le recevoir. Bien que ces procédés, suivis conformément à la routine traditionnelle, laissent perdre une très-grande quantité de soufre, cependant les produits annuels sont des plus rémunérateurs. La mine du baron Sesto livre au commerce environ vingt mille quintaux métriques par année, soit à peu près le cinquantième de la production annuelle de toute la Sicile. Les exploitations minières qui se suivent obliquement à travers toute la largeur de l'île, de Centorbi à Girgenti, fournissent à l'Europe les deux tiers du soufre nécessaire à sa consommation. Les propriétaires des mines siciliennes jouissent pratiquement du monopole et font payer au commerce des prix beaucoup trop élevés; aussi n'auront-ils pas à se plaindre si quelque nouvelle découverte de la chimie vient à les ruiner.

Au sortir de la mine, je me sentais trop épuisé de mon bain de vapeurs sulfureuses pour escalader de nouveau la montagne de Centorbi. Je contournai les escarpements du côté du sud à travers d'interminables champs de blé, puis je descendis sur les bords du Simeto par un profond ravin que les pluies agrandissent chaque année. Presque toutes les campagnes cultivées et cependant désertes que j'eus à parcourir avant d'atteindre Adernò appartiennent encore à un grand couvent de femmes et constituent un fief (*feudo*). C'est là ce que j'appris le soir même en passant devant le monastère de Santa Lucia. Une foule considérable se pressait autour d'une estrade, sur laquelle se tenait un crieur portant une espèce de livrée monastique. Ce personnage mettait à l'encan, suivant la coutume annuelle, les diverses parcelles de l'immense domaine, et de leur côté, les métayers cherchaient à renouveler leurs baux sans avoir à subir d'augmentation de prix. Attirées par le spectacle de la foule, les religieuses étaient toutes cramponnées aux barreaux des fenêtres et regardaient avidement la scène.

Le lendemain, je pus être témoin d'une autre scène de mœurs en revenant à Catane. A l'entrée de la ville notre voiture fut arrêtée, d'un côté par les employés de l'octroi, qui voulaient constater si nous avions du fromage ou des bouteilles d'huile sur nos personnes, et de l'autre, par un moine mendiant qui montrait un affreux tableau de sa composition représentant les âmes du purgatoire. Je dois à la vérité de dire que mes compagnons de voyage accueillirent les employés du fisc avec bien mauvaise grâce, et réservèrent toutes leurs politesses pour le frère quêteur. Celui-ci, chargé de bénédictions et plus riche de quelques offrandes, alla solennellement s'asseoir sur un piédestal de colonne brisée, pour y attendre d'autres voyageurs et prélever sur eux aussi son droit de péage. Il se tient là comme un maître, et d'un geste plein d'autorité arrête les passants. Bien plus allégrement obéi que ses compagnons de l'octroi, il perçoit comme son dû l'impôt traditionnel destiné aux âmes du purgatoire, et laisse les agents du fisc s'arranger ensuite comme ils le peuvent, pour prélever, bayoque à bayoque, les droits exécrés.

Pour me rendre à Syracuse, j'avais le choix entre le bateau à vapeur qui fait le service de la côte et une voi-

ture poudreuse et disloquée, traînée par de méchantes
haridelles. Ne connaissant déjà que trop bien les féli-
cités d'un voyage fait en compagnie de l'obséquieux
signor corriere, tantôt à travers les tourbillons de poussière de la route, tantôt sur les cailloux roulés des torrents, je n'eus pas besoin de faire de longues réflexions,
d'autant plus que la mer était magnifique et que la clarté
parfaite de l'horizon me promettait une vue admirable
sur les collines du littoral et sur l'Etna.

Le vapeur sur lequel je comptais m'embarquer était
encore en mer, venant de Messine. Au lieu d'attendre
en me promenant de long en large avec d'autres voyageurs sur le quai malpropre, plus encombré de doua-
niers que de marchandi-
ses, je sautai dans une
petite embarcation et je
me fis porter au large,
loin des rumeurs de Ca-
tane. La brise de terre
était chargée des parfums
de tous les jardins qui
s'étendent au nord vers
Aci-Reale, mais elle n'apportait de la ville qu'un
faible murmure pareil au
bourdonnement d'un in-
secte. Les dômes des églises, éclairés par le soleil,
se détachaient en rouge ou
en jaune d'or, les uns sur
le bleu du ciel, les autres
sur la verdure des pre-
miers contre-forts de l'Etna. Au-dessus de la ville,
sur la pente de la monta-
gne, je voyais les deux
soupiraux rougeâtres des
Monti Rossi et le fleuve
tortueux de lave qui des-
cendit jadis sur Catane.
Au delà s'étageaient d'autres cônes d'éruption; les
premiers, rouges encore
comme des amas de sco-
ries, les plus lointains,

Oreille de Denys. — Dessin de H. Clerget d'après une photographie
de MM. Ferrier et Soulier.

déjà striés de blanc par les avalanches ou même complétement couverts de neige. Au-dessus rayonnait la masse
pyramidale de l'Etna, se dressant dans les cieux en pleine
lumière et rejetant à flots pressés un torrent de vapeurs
resplendissantes; la fumée, aux reflets cuivrés, roulait en
cataracte sur les pentes extérieures du cratère; puis, se
détachant du sol, planait enfin dans l'air libre et s'arron-
dissait en une immense arcade au-dessus de toute la Sicile. Autour de nous, jusqu'à l'horizon, la mer d'Ionie
se déroulait en longues ondulations; des essaims de bateaux pêcheurs, aux voiles triangulaires inclinées sur
les mâts, sortaient du port de Catane, comme les abeilles
d'une ruche, et s'éparpillaient au loin sur les eaux.

Je m'arrachai difficilement à ce beau spectacle lorsque
le vapeur fit son apparition et que ma petite barque,
dansant sur les grandes vagues soulevées par le navire,
se mit à glisser avec rapidité dans le sillage. Heureusement le capitaine du *Tancrède* ne nous fit pas longtemps
attendre le signal du départ, et bientôt nous voguions
en pleine mer dans la direction de Syracuse. Nous lais-
sons à droite l'énorme môle de laves qui combla, en
1669, l'ancien port de Catane, puis nous longeons la
plage qui borde de son filet d'argent la plaine marécageuse du Simeto, et nous voyons au sud se rapprocher
et grandir les montagnes de Lentini. Voici le village de
Bruca et ses importantes carrières, puis un long promontoire aux falaises blan-
ches et aux croupes ga-
zonnées. C'est le cap de
Santa Croce où l'impé-
ratrice Hélène, mère de
Constantin, débarqua, dit-
on, avec la « vraie croix »
du mont Golgotha. La pré-
cieuse relique, conservée
dans l'église d'un couvent
bâti non loin du cap, brille
d'un tel éclat, suivant la
légende, que son image
traverse les murs de l'é-
difice et va projeter son
ombre sur la mer. Mal-
heureusement pour le cou-
vent de Santa Croce, il y a
dans la chrétienté tant
d'autres « vraies croix »
qu'on ne se donne guère
la peine de visiter celle
d'un district malsain et
isolé de la Sicile.

Au détour du cap, nous
voyons se développer à
nos yeux un paysage de la
Grèce. Là-bas, du côté
du sud, se prolonge la
presqu'île en pente douce
qui portait autrefois deux
grands faubourgs de Sy-
racuse. Plus loin, vers l'ouest, s'élève la pointe aiguë
de Belvédère, couronnée de ruines, puis se dresse d'un
jet la haute paroi du mont Hybla, semblable à l'Hymète
et, comme lui, fameux par ses abeilles. L'île ovale de
Magnisi, qu'une mince langue de sable rejoint à la terre,
partage le golfe en deux gracieuses baies semi-circulaires, tandis qu'au-dessus de l'étroite plaine du littoral, les hauteurs crénelées de villages s'arrondissent en
un superbe amphithéâtre. Les Hellènes, reconnaissant
les sites de leur patrie dans cette contrée de la Sicile,
la parsemèrent de leurs colonies. Dans la forteresse naturelle de Magnisi, c'était Thapsos: au pied de l'Hybla
et sur ses contre-forts c'étaient l'Acradine, l'Épipole de

Syracuse, puis Megara-Hyblaea, Xiphonia et d'autres encore.

Au nord du golfe s'ouvre un vaste port, qu'une colline rocheuse portant la ville moderne d'Agosta, protége à l'est contre les vents de la haute mer. Le port est excellent, mais la ville est sordide : il me semblait voir une de ces jeunes cités de l'Amérique du Sud qui sont en ruines avant qu'on ait fini de les bâtir. Des forts en mauvais état défendent l'entrée du chenal; une citadelle dégradée coupe la péninsule à sa ravine et sépare la ville de la terre ferme; des maisons éventrées, pavoisées de haillons qui sèchent au soleil, se pressent, comme une population de mendiants autour d'un grand seigneur,

au pied d'un beau couvent de dominicains, aux arcades enguirlandées de verdure. Sur le bord de la mer, des baraques en planches ou en branchages forment une espèce de faubourg, encore plus ignoble que la ville et tout souillé du sang des poissons qu'on y dépèce.

Les habitants ressemblent à leurs demeures. La plupart d'entre eux sont hâves et misérables, l'atmosphère des marécages avoisinants leur donne la fièvre, et le manque de communications avec l'intérieur, joint aux obstacles que la ceinture de fortifications oppose au commerce, les condamne à la pauvreté. L'histoire, qui raconte les malheurs de la population d'Agosta, nous dit aussi que par une réaction fatale, ils se sont tou-

Théâtre de Syracuse. — Dessin de E. Thérond d'après une photographie de M. Paul Berthier.

jours distingués par leur férocité. Les premiers colons de la ville furent des captifs que l'empereur Frédéric avait enlevés du nid d'aigle de Centorbi. C'était un triste commencement. Plus tard vinrent les siéges, les assauts, les pillages, puis le grand tremblement de terre de 1693 qui fit sauter la poudrière et renversa presque toutes les maisons. Ces événements ont dû singulièrement retarder les progrès moraux des habitants d'Agosta, et l'on dit qu'ils échappent en effet avec une grande lenteur à leur barbarie primitive. Encore dans les premières années du dix-neuvième siècle, ils mutilèrent quelques marins grecs qui avaient été chercher de l'eau à une source voisine et massacrèrent plus de

350 invalides français qui revenaient d'Égypte. Le malheur et l'ignorance se transforment toujours en crime.

Afin de voir plus à mon aise les maisons d'Agosta, je me dirigeai vers la proue, mais bientôt cette partie du navire fut encombrée de passagers amenés de la citadelle sous bonne escorte. C'étaient des recrues, pauvres paysans mal vêtus, qui pour la plupart semblaient tristes, hagards, effarés comme des bêtes fauves récemment prises au piége. Sur la plage, des femmes, des enfants, des vieillards faisaient des gestes d'adieu, se tordaient les bras, poussaient des cris de désespoir, envoyaient des recommandations suprêmes à ces frères, à ces fils qu'enlevait la terrible conscription, jusqu'alors inconnue dans la Sicile. Quant aux jeunes soldats condamnés à un service qui, pour eux, était la déportation, ils ne tentaient aucunement de faire contre fortune bon cœur; ils ne s'étaient point décorés de cocardes et de rubans, et ne chantaient point à tue-tête de refrains patriotiques comme les conscrits français; mais, penchés sur le bordage du navire, ils essayaient de discerner encore les traits aimés qui devenaient plus indistincts à chaque tour de roue du bateau; dans le murmure confus des cris et des sanglots affaiblis par la distance, ils cherchaient à reconnaître des voix connues; ils voulaient retenir le sol natal qui s'éloignait, et plus d'un avait des larmes dans ses yeux en voyant s'élargir l'espace qui le séparait de la patrie.

En essayant de traverser la foule réunie sur le pont, je me heurtai contre un obstacle dont je ne me rendis pas bien compte tout d'abord. Deux hommes se retournèrent en me montrant une lourde chaîne qui les attachait l'un à l'autre par la main, et, sans honte, sans émotion, ils me dirent d'une voix bienveillante :

« Excusez, Monsieur, vous le voyez, nous sommes des galériens. »

Je me reculai, non par un sentiment de frayeur ou de dégoût, mais dans la crainte d'avoir humilié ces malheureux par la découverte que je venais de faire. Toutefois je m'aperçus bientôt que le triste aveu n'avait aucunement fait souffrir leur amour-propre, et que leurs idées sur la dignité personnelle n'avaient rien de commun avec les miennes. Les deux prisonniers, sans rien perdre de leur sang-froid, continuèrent de s'entretenir amicalement avec les gendarmes qui les accompagnaient. Sauf les chaînes, on eût dit des camarades auxquels la destinée avait assigné des rôles différents, mais non moins honorables l'un que l'autre. La plus parfaite égalité régnait entre les gardiens et les captifs : on riait ensemble, on se racontait des historiettes, on se donnait réciproquement des noms familiers, on changeait de cigares ou de pipes. Les gendarmes n'en voulaient pas à ces pauvres diables pour des « malheurs ou des peccadilles, » et de leur côté, les brigands, acceptant leur sort avec une résignation philosophique, semblaient se dire qu'ils valaient bien leurs interlocuteurs. D'autres condamnés, groupés dans la même partie du bateau, paraissaient également se mettre au-dessus de tout vulgaire sentiment de honte ou de remords. L'un d'entre eux, coupable d'assassinat, avait une figure innocente et candide : ses cheveux plats partagés au milieu du front, ses traits régulièrement dessinés, ses lèvres imberbes, la douceur de son regard imperturbable le faisaient ressembler à une jeune fille, et comme s'il eût voulu se donner encore une apparence plus féminine, il avait enveloppé sa tête d'un mouchoir de femme et s'était drapé dans une espèce de burnous aux longs plis serré par une écharpe autour de la ceinture. Un autre brigand, solide gaillard à la haute taille et aux larges épaules, se promenait majestueusement sans même se donner la peine de cacher ses menottes sous un pli de son manteau : il laissait tomber un regard protecteur sur tous ses voisins, galériens, gendarmes ou simples passagers libres. D'autres prisonniers étaient nonchalamment étendus et jouaient avec leurs chaînes comme avec des breloques. Un seul restait à l'écart et baissait la tête; il me sembla même qu'il frissonnait; mais, comme Bailly, ce devait être de froid, car il était très-légèrement vêtu et le vent soufflait avec force.

Je me sentis attristé jusqu'au fond du cœur à la vue de ces hommes que la société avait rejetés de son sein, et qui, par manque de dignité, ne sentaient même pas combien est terrible cette peine d'exclusion qui les frappe. Pour échapper à ce douloureux spectacle, je m'enfuis à l'autre extrémité du navire et j'essayai de me consoler en contemplant le magnifique panorama de la côte. Nous approchions du promontoire de Panagia qui s'étend au nord de la baie de Syracuse, et déjà nous pouvions distinguer sur la colline les ruines de l'antique forteresse grecque d'Euryalus. Un Syracusain, plein d'enthousiasme pour sa ville natale, nous montrait fièrement du doigt toutes les localités célèbres dans l'histoire de sa patrie. « Voyez, c'est dans cette crique, au pied de la colline de Belvédère, que débarquèrent les Athéniens avant leur attaque infructueuse contre l'Épipole. » — « A gauche, vous apercevez un groupe de maisons. C'est près de là que Marcellus prit terre avec son armée. » — « Plus haut, sur la croupe de la colline, vous distinguez quelques pans de murailles. C'est par là que l'ennemi pénétra dans la ville. » — « Regardez l'aride plateau qui portait autrefois les palais de l'Acradine. » — « Ce sont là les rochers dans lesquels sont creusées les *latomies*. » Mais déjà nous n'avons plus besoin d'indications, car voici le « port marmoréen, » voici l'île rocheuse d'Ortygie où se pressent les maisons de la cité, voici le temple de Minerve et la fontaine d'Aréthuse!

L'île qui renferme tout ce qui reste de la ville de Syracuse n'est séparée de la Sicile que par un fossé en partie artificiel où viennent remiser les barques des pêcheurs et par une série de ponts-levis et de fortifications en zigzag. Au nord de l'île se développe l'anse semi-circulaire qui fut nommée le port marmoréen, à cause des nombreuses statues de marbre érigées sur ses bords par les tyrans Denys et Agathocle. Ces œuvres de sculpture ont depuis longtemps disparu, mais l'anse peut bien garder son nom, car les roches de calcaire blanc, entrevues à diverses profondeurs à travers les flots transparents et rayées à intervalles égaux par des fissures qu'emplit une eau couleur de saphir, donnent aux bas-fonds, disposés circulairement autour du port, un aspect semblable à celui du pavé de marbre d'un cirque immense. Au sud et à l'ouest de l'île la mer projette un vaste port qui pourrait contenir des flottes entières. C'est le golfe qui donna jadis une si grande importance commerciale à Syracuse et sur les flots duquel vint se briser la puissance athénienne pendant la guerre du Péloponèse. Il n'a pas moins de huit kilomètres de tour, de la pointe d'Ortygie au promontoire qui s'appelait autrefois Plemmyrium (choc des flots), et que l'on désigne maintenant par la désignation de *Muso di Porco* (grouin de porc) : entre ces deux mots, il y a l'espace qui sépare deux civilisations.

L'île d'Ortygie, que les premiers colons grecs, conduits par le Corinthien Archias, achetèrent, il y a deux mille six cents ans, pour un gâteau de miel, est le seul quartier de l'antique Syracuse qui soit encore habité. Sur la partie la plus élevée de l'île, portant jadis le nom d'Acropole, se dresse encore l'ancien temple de Minerve, rival de celui d'Athènes. Ce monument dorique a plus de vingt-quatre siècles d'existence. Avant d'être dévasté et partiellement démoli par les proconsuls romains, les chrétiens du Bas-Empire et les tremblements de terre, le sanctuaire de Minerve était décoré avec une extrême magnificence; des tableaux, considérés comme les chefs-d'œuvre de la peinture grecque, recouvraient les murailles; la grande porte de bronze qui s'ouvrait sous le péristyle était ornée de bas-reliefs en or et en ivoire merveilleusement travaillés. Au-dessus du fronton brillait aux rayons du soleil un énorme bouclier d'airain rehaussé d'or : c'était l'égide symbolique de la cité, et lorsqu'un navire s'éloignait du port, le pilote, tenant en sa main une coupe couronnée de fleurs et pleine de cendres prises à l'autel de Junon, ne manquait jamais de jeter un regard sur le bouclier lointain avant d'offrir ses libations aux dieux de la mer et des tempêtes. De nos jours, le temple célèbre, qui fut le Parthénon de Syracuse, est devenu une église du plus mauvais goût, un amas de plâtras et de sculptures baroques. D'un côté neuf colonnes, de l'autre douze, sont empâtées dans la maçonnerie moderne, et, de plus, on a fait ce travail barbare d'une manière tellement grossière que de la nef on voit seulement les colonnes de la rangée méridionale; l'autre colonnade, aux chapiteaux disjoints et festonnés de plantes grimpantes, fait saillie au dehors de la muraille extérieure. Tout le reste a été détruit, mutilé ou recouvert de moellons et de plâtre par les architectes chrétiens, plus vandales cent fois, au point de vue de l'art, que ne l'ont été les Vénitiens ou les Turcs prenant le Parthénon d'Athènes pour cible de leurs boulets.

La fontaine d'Aréthuse jaillit au bord de la mer, non loin de l'ancien temple de Minerve. C'est une source très-abondante qui s'élève à gros bouillons au niveau même de la Méditerranée et que la mer envahirait si la nappe d'eau douce n'était défendue par une haute muraille contre la pression des vagues. Naguère c'était un lavoir public où de vieilles femmes, aux haillons retroussés au-dessus du genou, barbottaient dans l'eau blanche de savon. Les notables de Syracuse, honteux de l'état dans lequel se trouvait leur fontaine sacrée, viennent d'établir, à côté d'Aréthuse, un lavoir souterrain où les blanchisseuses ont toute l'eau nécessaire; la source elle-même garde jusqu'à la mer sa pureté primitive. Quelques massifs de fleurs entourent la fontaine et des touffes de papyrus se déploient en ombelles au-dessus de l'eau transparente. Deux ou trois canards nagent au milieu des herbages flottants où les

anciens Grecs voyaient la chevelure de la nymphe divine.

Le jaillissement de la fontaine d'Aréthuse, dans la petite île d'Ortygie, est un curieux phénomène géologique, car il faut nécessairement que cette abondante masse d'eau provienne des montagnes de l'intérieur de la Sicile et passe au-dessous des marais et du détroit situés entre l'île et le mont Hybla. Toutefois les Syracusains ne regardaient point les hauteurs de la Sicile comme le lieu où se rassemblent les premières eaux d'Aréthuse; plus hardis dans leur imagination, ils tournaient leurs yeux vers la terre de leurs ancêtres. L'eau pure de la source, les rochers blanchâtres qui l'entourent, le paysage entier que forment les rives du golfe, tout leur rappelait la patrie. Cette terre natale, ils l'avaient quittée; mais, en se rendant sur les côtes de la Sicile, ils y avaient en même temps porté leurs dieux; bien plus, une nymphe de la Grèce, bravant, comme ils l'avaient fait eux-mêmes, les flots de la mer Ionienne, les avait suivis sur le sol étranger, et le fleuve Alphée, plongeant à la poursuite de la belle Aréthuse, avait mêlé son onde, sur les plages de Sicile, à l'onde chérie de la fontaine. Parfois, disent les marins, on voit encore Alphée jaillir de la mer, tout près du rivage, et dans son courant tourbillonnent des feuilles, des fleurs et des fruits des arbres de la Grèce. Est-il une légende qui raconte d'une manière plus touchante l'amour du sol natal? La nature tout entière avec ses fleuves, ses fontaines et ses plantes, avait suivi l'Hellène dans sa nouvelle patrie.

Outre le temple de Minerve et la source d'Aréthuse, l'île d'Ortygie n'offre guère aux visiteurs que des curiosités archéologiques, telles que deux colonnes d'un temple de Diane, des restes de bains et quelques débris byzantins et normands. Le musée, espèce de grange où la lumière rampe sous les voûtes humides, renferme, avec diverses sculptures et poteries d'une médiocre valeur, une Vénus d'une grande beauté, un magnifique buste de Méduse en bronze et des médailles admirablement frappées. C'est là tout; mais il est probable que des fouilles amèneraient d'importantes découvertes. Toutefois, ce qui serait plus désirable encore, c'est que les descendants de ces Grecs, qui comptèrent parmi leurs hôtes et leurs concitoyens des hommes tels qu'Eschyle, Pindare, Platon, Timoléon, Archimède, se relèvent enfin de leur abaissement et préparent un avenir prospère à leur cité jadis si fameuse. La partie péninsulaire de Syracuse portait le nom d'Acradine. Le seul débris de ce quartier disparu est une colonne du Forum. Quelques couvents et des églises d'architecture vulgaire ont remplacé les palais et les temples, et montrent leurs grandes façades nues au milieu de la campagne rocheuse. Sur ce plateau désolé, rien n'attire les regards, c'est dans la terre elle-même qu'il faut chercher les curiosités de l'Acradine. A côté de l'église San Giovanni, gardée par deux moines barbus, se trouve l'entrée des catacombes de Syracuse. Ces galeries sépulcrales, qui n'ont jamais été explorées en entier, sont beaucoup plus régulièrement taillées que celles de Rome et s'étendent sur un espace plus considérable. À la lueur des torches, on voit se prolonger les allées souterraines dans toutes les directions comme les nefs d'une pagode indoue ; sous l'étage supérieur des catacombes, il s'en trouve un deuxième, puis un troisième, puis un quatrième encore. Rien ne donne une idée plus grande de ce que fut autrefois la cité populeuse de Syracuse, que les perspectives indéfinies de cette nécropole où des millions de cadavres furent ensevelis. De chaque côté des avenues funéraires sont disposés les caveaux où les membres de la même famille étaient placés, l'époux non loin de l'épouse et les enfants au-dessous de la mère. Des

fresques grossières, des bas-reliefs sans valeur artistique, des monogrammes et des inscriptions grecques de l'époque chrétienne décorent les sépulcres, mais la plupart des squelettes sont réduits en cendres, et depuis longtemps les objets précieux qui avaient été déposés dans les galeries ont été enlevés. De distance en distance, les avenues les plus hautes aboutissent à des salles taillées en voûte et communiquant avec l'air extérieur par une lucarne circulaire ménagée au sommet. Quand le soleil brille à travers ce puisard et projette sur le sol ses rayons qu'environnent des ombres épaisses, l'humidité monte en fumée vers l'embouchure de la caverne comme si la roche brûlait sous le faisceau lumineux.

Massifs de papyrus sur le Cyane (voy. p. 415). — Dessin de E. Thérond d'après une photographie de MM. Sommer et Behles.

J'avais froid en sortant de la triste nécropole, et c'est avec joie que je m'exposai de nouveau à toute l'ardeur du soleil de midi, et que je repris ma promenade sur les rochers blanchâtres où croissent çà et là de maigres oliviers. En certains endroits, le sol n'offrait que de rares broussailles comme celui d'un désert. Tout à coup, au delà d'un banc de rochers, j'aperçois une porte dans une fissure de la pierre, le guide l'ouvre, je descends dans le précipice par un chemin tournant et je me trouve dans un jardin féerique, plein de verdure et d'ombre : c'est la *Latomia de' Greci* ou l'*Intagliatella*. Des orangers, des citronniers, des néfliers du Japon, des pêchers, des arbres de Judée, aspirant à l'air libre

et montant vers la lumière du ciel, s'élèvent à la hauteur gigantesque de 15 et 20 mètres; des arbustes en massifs entourent les troncs des arbres; des guirlandes de lianes s'entremêlent aux branches; des fleurs et des fruits jonchent les allées et de nombreux oiseaux chantent dans le feuillage. Au-dessus de cet élysée d'arbres odorants et fleuris se dressent les roches coupées à pic de la carrière; les unes sont encore nues et blanches comme aux jours où les instruments des esclaves athéniens les ont taillées; d'autres sont revêtues de lierre du haut en bas ou portent des rangées d'arbustes sur chacun de leurs escarpements. Du reste, rien de symétrique et de régulier dans les parois de ro-

Amphithéâtre de Syracuse — Dessin de H. Clerget d'après une photographie de M. Paul Berthier.

chers qui ferment le jardin. Ici, un massif calcaire complétement isolé, s'élève comme une grande tour au milieu de la verdure; plus loin, on aperçoit au-dessus de sa tête un pont de bois jeté sur un précipice entre deux escarpements parallèles; ailleurs, d'énormes blocs, tombés des flancs de la roche, forment autant de monticules d'où l'on contemple à son aise le merveilleux spectacle que présente le gouffre tortueux et verdoyant.

Le jardin qui, de l'autre côté de la Méditerranée, sur les côtes de la Tripolitaine, acquit autrefois tant de célébrité sous le nom de Jardin des Hespérides, ressemblait certainement à celui de l'Intagliatella, si ce n'est qu'il était moins riche en variétés de plantes. « C'était, nous dit Scylax, un lieu profond, escarpé de toutes parts et n'étant accessible d'aucun côté. Le jardin était rempli d'arbres serrés les uns contre les autres et dont les branches s'entrelaçaient; on y voyait des lotus, des pommiers de toute espèce, des grenadiers, des poiriers, des arbousiers, des mûriers, des vignes, des myrtes, des lauriers, des lierres, des oliviers domestiques et sauvages, des amandiers et des noyers. » De nos jours, l'ancien jardin des Hespérides est devenu, d'après le témoignage de Beechey, un précipice dont le fond est souvent rempli d'eau, tandis que les carrières de Syracuse ont été transformées en vergers d'une beauté luxuriante, et sont devenues, dans leur genre, ce qu'il y a de plus admirable en Sicile.

Et pourtant, ce paradis de l'Intagliatella et les autres latomies de Syracuse ont été d'affreuses prisons. C'est là, qu'après leur terrible défaite sur les bords de la petite rivière Asinarus, les sept mille prisonniers athéniens furent enfermés. C'est là ce « lieu profond et découvert, où les malheureux furent d'abord tourmentés par la chaleur du soleil et par un air étouffant, ensuite par les nuits fraîches de l'automne qui changèrent leurs souffrances en des souffrances contraires, et leur causèrent de nouvelles maladies. Ils étaient forcés de satisfaire, dans un lieu resserré, à toutes les nécessités de la vie. Les morts mêmes y étaient entassés; les uns avaient péri de leurs blessures, les autres des variations de température qu'ils avaient éprouvées. On y respirait une odeur insupportable et les prisonniers étaient à la fois tourmentés de la soif et de la faim (Thucydide). » Le nom de Latomia de' Greci que porte aussi l'Intagliatella est dû au souvenir de ces malheureux captifs En plusieurs parties de la carrière on montre, creusées dans l'épaisseur du rocher, de vastes et hautes salles où furent enchaînés les Athéniens, et après eux de nombreuses victimes de la tyrannie des Denys et des Agathocle. Des trous forés dans le roc indiquent les endroits où s'attachaient les chaînes de fer qui retenaient contre la muraille les mains ou les cous des prisonniers; plus haut se voient aussi les traces des escaliers par lesquels les geôliers apportaient la pitance aux captifs. Enfin, une haute galerie qui débouche non loin de la voûte serait, s'il faut en croire le *cicerone*, l'endroit où venait s'installer le tyran

Denys pour voir au fond du gouffre ses victimes enchaînées et se délecter de leurs tortures.

Il est une carrière à laquelle cette tradition s'applique encore d'une manière plus spéciale qu'à l'Intagliatella : c'est la célèbre latomie *del Paradiso* où se trouve la caverne désignée sous le nom d'Oreille de Denys. Cette latomie qui ne répond point aux promesses de son nom, car elle est encombrée de débris, est creusée entre le théâtre et l'amphithéâtre, dans le quartier de l'ancien Neapolis situé à l'ouest de l'Acradine. L'Oreille de Denys s'ouvre dans la paroi méridionale de l'ancienne carrière. C'est un énorme tympan, de forme parabolique, ayant plus de 20 mètres de hauteur et 60 mètres de développement. Les parois de l'excavation, qui se rapprochent graduellement vers l'extrémité, sont taillées comme au ciseau et revêtues d'une mince couche de concrétions calcaires : au moindre bruit, de longs échos résonnent confusément dans la caverne. A quoi servait cette cavité? Était-ce, comme le prétendent certains archéologues, une espèce de table d'harmonie pour la scène du théâtre qui se trouve à quelques mètres de là de l'autre côté du rocher? On n'en sait rien; mais l'hypothèse émise par Caravage, d'après lequel cette grotte serait une prison ingénieusement construite par Denys, s'est transformée en légende populaire. Les abords de l'Oreille de Denys sont le rendez-vous de mendiants de toute espèce : l'un vous hurle une explication dont vous vous seriez bien passé, l'autre fait mine d'ouvrir une porte qui n'a pas de serrure, un troisième vous offre une médaille douteuse, un quatrième offre galamment un verre d'eau, d'autres encore ont des pierres, des stalactites à vous montrer ou des échos à faire retentir; puis vient la foule des quémandeurs moins ingénieux qui se bornent à tendre la main. Ce n'est point sans peine que je parvins à continuer en paix ma promenade.

A côté de la carrière du Paradis se trouve un monument, unique dans son genre, qu'on a découvert et débarrassé d'une couche de décombres en 1839 : c'est un immense autel ayant 193 mètres de long sur une largeur de plus de 18 mètres. Il avait été élevé par Hiéron II, le même qui, dans son amour de l'énorme, avait fait construire un navire de 12 000 tonneaux, d'un trop fort tirant d'eau pour tous les ports de la Sicile. Sur le grand autel de Syracuse, les prêtres pouvaient égorger et faire monter en fumée vers le ciel toute une hécatombe. Chaque sacrifice était une effroyable boucherie et se terminait par un vaste embrasement de chairs et de débris. Il est vrai qu'à côté de la sinistre plate-forme de l'ancien autel se trouvent les restes d'un monument romain où s'accomplissaient des rites plus terribles encore : l'amphithéâtre où se déchiraient les bêtes féroces et combattaient les gladiateurs.

Le théâtre, qui fait partie du même groupe de constructions que l'autel et l'amphithéâtre, est un des plus beaux restes de l'antiquité grecque. Il dépassait en dimensions tous les autres théâtres de la Sicile et pouvait contenir plus de vingt-quatre mille spectateurs. Les deux tiers des gradins sont dans un état de conservation presque parfaite, et les yeux d'un archéologue peuvent même y déchiffrer des inscriptions en l'honneur de Jupiter et des rois. De leurs siéges de pierre, taillés dans le flanc de la colline, les citoyens de Syracuse embrassaient d'un coup d'œil la scène où s'étaient accomplis les plus grands faits de leur histoire. Ils voyaient à la fois les murs et les temples d'Ortygie surmontés par le bouclier resplendissant de Minerve protectrice, les bords de l'Anapus où leurs pères avaient livré de si terribles batailles contre les Athéniens, le promontoire lointain de Plemmyrium et l'entrée du port, où tant de victoires brillantes avaient été successivement remportées, et là-bas, vers l'ouest, au pied des montagnes, ces défilés, qu'avaient franchis, quelques jours avant le désastre suprême, les deux armées en déroute de Démosthènes et de Nicias. Tout en applaudissant les actions de leurs héros représentées par les artistes, les Syracusains assemblés pouvaient contempler au delà, comme dans le cadre d'un immense tableau, les lieux mêmes où s'accomplirent tous ces exploits, et plus loin les flots bleus de la mer Ionienne qu'avaient parcourus les navires de leurs ancêtres Corinthiens. Au-dessus de ce théâtre, où se pressaient autrefois les spectateurs par milliers, s'élève de nos jours un moulin rustique dont l'eau descend en minces filets sur les gradins et fait germer quelques plantes aquatiques entre les pierres descellées.

Immédiatement au delà du moulin s'ouvre une voie sépulcrale qui monte vers le plateau d'Épipole, à l'ouest de Neapolis et des autres quartiers de Syracuse. Dans ce chemin creux, on pourrait se croire transporté en pleine Grèce du passé, à vingt-cinq siècles en arrière. Des deux côtés de la voie s'ouvrent les tombeaux qui semblent prêts à recevoir les corps; le rocher qui forme le sol de la route est encore sillonné des profondes ornières qu'y creusèrent les chars des guerriers grecs. C'est là, suivant la tradition, que passait jadis Timoléon, le Washington des temps antiques, alors que de sa maison de campagne il se rendait au théâtre pour conférer avec le peuple. Dans cet étroit chemin où tout rappelle le passé, il me semblait que j'allais voir apparaître soudain le beau vieillard, porté, comme jadis, sur les épaules des citoyens.

Le grand plateau d'Épipole, qui s'étend à plusieurs kilomètres de distance entre le golfe d'Agosta et la vallée de l'Anapus, n'offre plus même une pierre, plus même un débris des palais et des temples de ce qui fut autrefois Syracuse : tout a disparu, comme si le vent avait emporté jusqu'à la poussière de la cité. Seulement le murmure de l'eau, qui coule tantôt à découvert, tantôt dans les profondeurs du sol, rappelle le souvenir de ceux qui construisirent l'aqueduc lors de la fondation de Syracuse. Après avoir marché pendant deux heures, on arrive au point le plus élevé du plateau que couronne la forteresse grecque d'Euryalus, la mieux conservée qui existe encore. Cet ouvrage de défense, dont la construction fut peut-être dirigée par le grand Archimède, se compose de deux hautes murailles séparées

l'une de l'autre par un fossé de huit mètres de profondeur et percées de chemins couverts où se cachaient les hommes d'armes pour s'élancer sur les assiégeants. La deuxième muraille, qui est la plus élevée, est surmontée de quatre pyramides entre lesquelles étaient placées des machines balistiques, de même que des canons sont placés dans les embrasures des remparts modernes. De ces pyramides de pierre blanche, où le lézard se chauffe au soleil et qui furent autrefois rougies du sang de tant de vaillants hommes, on jouit d'une vue enchanteresse. L'Etna lointain avec ses vapeurs dorées, le port et la péninsule d'Agosta, la presqu'île de Magnisi, semblable à une feuille de trèfle flottant sur les eaux, l'île d'Ortygie, le port de Syracuse, la plaine verdoyante de l'Anapus, le fier mont Hybla, le demi-cercle de la mer bleue, toutes ces parties de l'immense tableau contribuent, par la grâce ou la hardiesse de leurs lignes, à la beauté ravissante de l'ensemble. On comprend qu'en contemplant cet admirable pays où il devait, d'après l'ordre de sa cruelle patrie, porter le meurtre et la destruction, Marcellus se soit pris à verser des larmes.

Le lendemain de ma visite au fort d'Euryalus, j'allai voir dans la plaine de l'Anapus, non pas un monument ruiné des Grecs ou des Romains, mais une œuvre de la nature, encore aussi charmante qu'elle l'était aux temps de Théocrite et de Moschus. C'est la fontaine de Cyane, au doux nom grec qui veut dire « l'azurée. » Pour s'y rendre, il faut d'abord voguer sur l'eau marécageuse de l'Anapus, qui sent la fièvre et la mort; mais, au pied d'un dattier qui se penche au-dessus du confluent, la barque pénètre dans l'eau pure du ruisseau de Cyane. Le petit cours d'eau déroule ses sinuosités dans la plaine, à la base de la terrasse qui porte encore deux colonnes inclinées d'un temple de Jupiter Olympien. Des herbes flottantes, aux reflets argentés, arrêtent la marche du bateau; des massifs de papyrus égyptien, que l'on croyait autrefois les seuls de toute la Sicile, s'élèvent à quatre et cinq mètres de hauteur et se recourbent gracieusement sur le ruisseau en entremêlant leurs bouquets de fibres délicates pareilles à la soie la plus fine.

Après une longue navigation sur l'eau si claire du ruisseau et sur les épaisses couches d'herbes traînantes qui l'obstruent, le bateau pénètre enfin dans le bassin de la source aux bords frangés d'iris et de papyrus. L'eau, profonde de huit à neuf mètres, est parfaitement transparente et l'on peut suivre du regard, à travers la couche bleue, les poissons qui nagent entre les rochers du fond. Comme sa sœur Aréthuse, Cyane s'élance des grottes d'un coteau calcaire, mais la tradition ne dit point qu'elle soit aussi venue des rivages de la Grèce en plongeant sous les flots de la mer Ionienne. Non, la nymphe Cyane était bien de la Trinacrie; c'était une compagne de Proserpine et, comme la noire fille de Cérès, elle se couronnait de fleurs, lorsque le sombre Pluton apparut sur son char de feu et « cueillit lui-même la gracieuse vierge, la plus belle de toutes les fleurs. » Cyane voulut s'opposer au destin et lutter contre le dieu de la mort. Frappée par l'invincible bras, elle perdit sa vie propre pour rentrer dans le sein de l'immense nature ; mais, changée en fontaine bleue, elle n'en a pas moins gardé son immortalité sous une autre forme. De son onde intarissable et pure, elle ne cesse de baigner les feuilles et les fleurs dont elle se tressait autrefois des guirlandes.

C'est aux bords de la fontaine de Cyane que je dis

Temple de Castor et Pollux a Girgenti. — Dessin de E. Therond d'après une photographie de M. Paul Bertmer.

adieu à Syracuse, au paysage grec qui l'entoure, à la fumée de l'Etna qui se déployait en arche au-dessus de ma tête, et à la Sicile elle-même. Je n'eus pas le bonheur de voir, ainsi que je l'avais désiré, les superbes colonnades de Girgenti, le promontoire du mont Éryx, les gorges rocheuses de Calatafimi et le temple de Ségeste.

Élisée RECLUS.

toyables faites, dans l'année 1865, contre les droits des indigènes, en Nouvelle-Zélande, par le gouvernement anglais lui-même, dans l'Afrique australe, par les Boers hollandais, en dépit de l'égalité de droits de tout homme, à quelque race qu'il appartienne, et bien que le christianisme, au lieu d'infirmer cette égalité, lui ait, au contraire, donné la sanction de la seule religion véritable. Le noble président, après avoir proposé l'adoption du rapport, a dit quelques mots sur les torrents de sang versés sans nécessité en Nouvelle-Zélande ; il s'est commis là bien des cruautés et des injustices qui auraient été évitées si les principes de la *Société de protection* avaient guidé la politique coloniale du gouvernement britannique. Le gouvernement anglais ne devrait augmenter son territoire colonial que par voie de traité ou d'achat, et non s'emparer d'un seul coup, au détriment des indigènes, par confiscation pure et simple, d'un bloc immense de 500 à 600 000 hectares, faisant ainsi injure aux principes chrétiens qui animent le peuple anglais. Le président a ajouté que la *Société de protection* avait parfois eu le bonheur de modifier les plans du gouvernement dans un certain nombre de projets spoliateurs injustifiables. A ce discours succédèrent quelques paroles du révérend John Foreman, de la Guyane anglaise, puis une allocution de M. T. Mac Cullagh Torrens, qui prononça de courtes mais sévères et sérieuses remontrances à l'adresse des Anglais, qui, comme nation, « ont souvent négligé ce qu'ils auraient dû faire et fait ce dont ils auraient dû s'abstenir. » D'après lui, l'opinion de feu son ami lord Glenelg, opinion qu'il partage de toutes ses forces, c'est qu'il n'y a nulle excuse au monde pour une politique qui commence par proscrire les droits des indigènes. « Heureusement, dit-il en finissant, que les efforts de la Société commencent à porter leurs fruits et à réveiller, au sein de la nation, le sentiment des devoirs qu'elle a à remplir pour réparer ses crimes en matière de colonisation. » Le rapport ayant été adopté à l'unanimité, l'assemblée vota d'abord des expressions d'un profond respect pour la perte irréparable faite par elle dans la personne du docteur Hodgkin, puis manifesta une cordiale approbation pour le projet consistant à perpétuer la mémoire de la grande et belle action qu'a faite le docteur en s'occupant de réunir les fonds nécessaires à acheter l'île de Lennox pour y fixer les malheureux restes de la tribu des Indiens Mic-Macs. Enfin on se sépara, après avoir proclamé et chaleureusement applaudi ce grand principe que les hommes d'État et les colonisateurs ne pourront marcher à la fois sur le sentier de la justice et sur celui de la prospérité qu'en traitant partout les indigènes comme des frères qu'il faut s'allier par la générosité et non s'aliéner et rendre dangereux par la spoliation. (*Australian Gazette.*)

Italie. — Émigration italienne. — Les Italiens, assez aventureux de leur nature, fournissent un assez grand nombre d'émigrants, surtout Gênois et Piémontais. Comme leurs ancêtres les Romains, ils se répandent de préférence dans les pays riverains de la Méditerranée, surtout dans la partie orientale de cette mer vers laquelle les conquêtes de Venise et l'activité du commerce créèrent, au moyen âge, une émigration qui dure toujours, par tradition ou autrement, et qui a un peu fait de l'Italien la langue européenne la plus importante de l'Orient méditerranéen. D'après la *Gazette officielle* d'Italie, il y a environ six mille Italiens en Tunisie, douze mille à Alexandrie, trois mille au Caire, le nombre des Italiens fixés à Constantinople, en Turquie, sur la mer Noire est absolument inconnu ; on en compte 7 à 8000 en Algérie (presque tous dans la province de Constantine), 13 828 en Suisse, 76 539 en France (la plus grande partie en Provence, à Lyon, à Paris et dans l'armée et la marine marchande ou militaire) ; ils sont 4489 seulement en Angleterre.

On en trouve, aux États-Unis, 40 000 environ, dont 7000 à San-Francisco ; au Brésil, ils sont 18 000 ; 18 000 à Buenos-Ayres, 10 000 à Rosario, 8000 au Pérou ; il y en a aussi beaucoup dans les autres pays de l'Amérique espagnole et l'on peut dire qu'aujourd'hui, par suite d'un entraînement de plus en plus marqué, le grand asile de l'émigration italienne est, avec le bassin de la Méditerranée, l'Amérique du Sud et, plus particulièrement, les rives de la Plata.

Autriche. — Un des lacs les plus étendus de l'Europe, le lac de Nieusédel, en Hongrie, doit être rayé de nos cartes. C'était, à vrai dire, moins un lac qu'un étang peu profond et, par places, un marais. Il a été desséché l'année dernière, grâce aux travaux de dégorgement qu'on a exécuté, pendant l'été, dans l'immense marais avoisinant de Hansag. Dès le mois de septembre, tout un monde végétal s'était déjà installé sur l'ancien lit. L'hiver qui vient de s'écouler n'a point reconstitué le lac et tout donne à espérer que ce vaste espace est à jamais conquis sur le domaine des eaux.

Sénégal. — Saint-Louis, 16 mai (courrier anglais). — Des lettres particulières arrivées à Saint-Louis, au départ du courrier, annoncent qu'on a reçu dans cette ville des nouvelles de MM. Mage et Quintin. Le noir porteur de ces nouvelles était arrivé à Bakel ; il a vu lui-même ces deux officiers en parfaite santé au mois de janvier dernier. Suivant cet informateur MM. Mage et Quintin auraient confié des lettres à un messager, qui serait tombé malade en route, et n'aurait pas voulu se dessaisir de ces lettres. Ceci expliquerait l'absence de nouvelles où nous sommes depuis tant de mois sur le compte de ces officiers.

Les lettres auxquelles nous empruntons ces détails semblent indiquer que MM. Mage et Quintin seraient retenus dans l'intérieur par des chefs du parti d'AlHadj ; mais qu'ils étaient l'objet de bons traitements.

Comme ces lettres sont datées de Bakel, il est permis d'espérer que le prochain courrier de Saint-Louis nous apportera de plus amples détails.

Afrique. — L'Atlas, on le sait, est une des chaînes de montagnes les plus considérables de l'Afrique. Il couvre de ses groupes trois grands pays, la Tunisie, l'Algérie, le Maroc. Son altitude, en Tunisie, est inconnue. En Algérie, les sommets les plus élevés connus jusqu'à ce jour, sont, en Kabylie, un pic de 2318 mètres et, dans l'Aurès, un mont de 2312 mètres. Dans le Maroc, la chaîne atteint une altitude bien plus considérable, d'après le peu qu'on connaît déjà. L'illustre et intrépide Rohlfs, dans son voyage du Maroc au Touat, en 1864, a évalué à 2589 mètres la hauteur du point leplus élevé où il ait passé, le Tisint-el-Rint. C'est déjà plus de 250 mètres au-dessus du point culminant d'Algérie, mais, à côté du Tisint-el-Rint, s'élève le mont Aiachin qui le dépasse d'au moins 1000 mètres, ce qui fait qu'il a 3500 mètres, sinon plus. C'est à peu près la hauteur des neiges éternelles à cette latitude et, en effet, les indigènes affirment que cette montagne ne se découvre jamais complétement de son manteau de frimas.

Afrique. — *Fezzan.* — Tandis qu'on jouissait, cette année, dans la plus grande partie de l'Europe, d'un hiver exceptionnellement doux, beaucoup de contrées ont, au contraire, souffert d'un hiver exceptionnellement rude. Dans la capitale de la Perse, à Téhéran, le froid a été tel, la neige est tombée avec tant d'abondance que la population pauvre a été réduite à de navrantes extrémités. Dans la Sibérie méridionale, à Barnaoul, écrit M. Radloff, professeur à l'école des mines de cette ville, le thermomètre, chose presque incroyable, est descendu à 50 *degrés au-dessous de zéro* et la neige couvrait le pays à une prodigieuse hauteur. Cela n'est pas trop surprenant, vu le renom glacial de la Sibérie, mais qu'il ait fait très-froid en plein Sahara, à Mourzouk en Fezzan, dans l'un des endroits les plus torrides de la terre, voilà de quoi étonner jusqu'à la surprise !

Dans une lettre du 24 novembre, Gérard Rohlfs écrit ce qui suit : il y a quelques jours, je me proposais d'aller visiter Tragen, ville située à l'est de Mourzouk et très-intéressante à cause de ses vieilles tombes. Mais mon voyage fut bien vite terminé. J'étais à peine hors de Mourzouk que j'y rentrais pour fuir le froid. Avant le lever du soleil le thermomètre descendait, ce jour-là, jusqu'à 7 degrés au-dessous de zéro. Depuis le commencement du mois, c'est-à-dire depuis plus de trois semaines, il est descendu, tous les matins, sans exception, au-dessous du point de congélation. Je suis forcé d'entretenir, toute la journée, dans ma chambre, du charbon allumé, mais je me chauffe très-mal parce qu'il me faut, en même temps, tenir constamment ma porte ouverte pour y voir. Naturellement j'ai bouché avec ma tente les deux fenêtres par où pénétrait la lumière et qui, chose habituelle ici, n'avait ni vitres ni contrevents. »

Ce froid, dans un tel pays, est exceptionnel. D'après la *climatologie de la terre* du docteur Mühry, la température descend, à Mourzouk, dans le mois de décembre et de janvier à + 5°, 5 et il peut geler dans les endroits les plus exposés aux vents. D'après Barth, la température la plus basse qu'on y eût encore observée avait été de — 3°, 1.

(Mittheilungen.)

Afrique Australe. — La triste guerre des Boers et des Bassoutos qui désolait le plateau de l'Afrique Australe, est enfin terminée. On lit dans *l'Ami de l'État Libre,* journal anglais de la République de l'Orange : le 3 avril 1866 sera compté comme un beau jour dans l'histoire de l'État libre de l'Orange. C'est ce jour qu'un traité de paix a été conclu, au pied de la forteresse de Thaba-Bossiou, entre le président de la République, d'une part, Néhémie et Mopéri, délégués du roi des Bassoutos, Moshesh, d'autre part. Moshesh consent à abandonner tout ce qu'il réclamait comme appartenant à son peuple et à admettre, comme frontière, la ligne réclamée par le Volksraad, ou Conseil national de l'État, ligne qui passe près de Cornet Spruit, au kraal de Buchuli, par un pic situé à 3 milles de Létséa et par Cathcart's Drift. Cette ligne annexe à l'État libre une étendue de terre où l'on pourra créer environ 4000 fermes de 2000 morgen chacune, qui seront bientôt occupées ; — tel est, du moins, le plan qu'on se propose, — par autant d'hommes et de chefs de famille hollandaises destinées à les défendre au besoin contre des retours offensifs. De plus, Moshesh s'engage à livrer 3000 têtes de bétail et à faire rentrer sans délai les Bassoutos dans leurs nouvelles limites. En revanche, il garde sa forteresse favorite de Thaba-Bossiou, et c'est justice, car ses Bassoutos l'ont rudement et courageusement défendue.

BIBLIOGRAPHIE ET CARTOGRAPHIE.

Nouvelles Annales des voyages, de la géographie, de l'histoire et de l'archéologie, rédigées par M. V. A. MALTE-BRUN, membre des Sociétés géographiques de Paris, de Londres, de Berlin, de Vienne et de Russie. — Sixième série, onzième année. Mai 1866.

Sommaire.

Résumé historique et géographique de l'exploration de Gérhard Rohlfs au Touât et à In-Çàlah, d'après le journal de ce voyageur, publié par M. A. Pétermann, par M. V.-A. Malte-Brun (1er art.). — Haïti et les Haïtiens, par le Dr Camille Ricque. — Esquisse physique des îles Spitzbergen et du pôle arctique (suite et fin), par Charles Grad. — Société centrale de sauvetage des naufragés, par Augustin Challamel. — Journal de la Société impériale de géographie de Saint-Pétersbourg. Quelques extraits, par M. Ad. de Circourt. — I. Statistique ethnographique et commerciale d'Odessa. — II Armes et instruments de pierre provenant de la Russie boréale, par Adolphe de Circourt.

4214. — Imprimerie générale de Ch. Lahure, rue de Fleurus, 9, à Paris.

www.ingramcontent.com/pod-product-compliance
Ingram Content Group UK Ltd.
Pitfield, Milton Keynes, MK11 3LW, UK
UKHW021650130726
13696UKWH00004B/1511